このままこの会社にいるしかないの？

と思っている人に
死ぬまで食いっぱぐれない方法を
シェアしちゃうよ。

【著者】副業アカデミー
【監修】小林昌裕（副業アカデミー代表）

イヤなら今すぐ会社を辞めましょう！
自分でビジネスを起こしましょう！
えっ!?
な～んて大それたことは言いません。
だって、毎月の給与は大事ですから

本書のキャラクター紹介

でも、給与にプラスして、**なにか稼げるキャッシュポイント**があるといいなと思いませんか？

それって副収入ってこと？

そりゃ、本業以外に稼ぐ手段があると安心だよね

ヘルマンリクガメの
カメ丸

サラリーマンの
中村くん

副業アカデミー
代表の**小林**さん

カメ丸くんにわかるかな？
会社にしがみつくしかないのは不安だよ……

うんうん。
カメの歩みのようにゆっくりと、
でも着実に稼ぎ続けられる方法があるといいよね

大丈夫！
ボクもサラリーマンだったけど、
今では**キャッシュポイントが20以上。**
「死ぬまで食いっぱぐれない方法」を
シェアしちゃいます

はじめに

こんにちは。副業アカデミー代表の小林昌裕です。

ボクが主宰する副業アカデミーでは、サラリーマンのみなさんが本業と両立しながら、さまざまな副業を通じて収入を増やすためのお手伝いをしています。

ボクたちのモットーは、**収入の柱を増やし、人生を選べるようになっていくこと！**

みなさん、今すぐ会社を辞めましょう！　自分でビジネスを起こしましょう！

なんて大それたことは言いません。でも、給料という安定収入を確保しながら、さらに毎月継続的に稼げるキャッシュポイントがあればいいと思いませんか？

そこで、本書では、「今すぐ会社を辞めたい」とまではいかなくても、**「このまま会社にいるしかないのかな？」と思っている人向けに、「死ぬまで食いっぱぐれない方法」をシェア**していきます！

給与以外の収入に大きなカルチャーショック！

少し、ボク自身のことをお話ししましょう。

ボクは、サラリーマンをしながら2009年、26歳で不動産投資を行いました。前年はリーマンショックの年ということもあり、東京都の下町（台東区入谷）に、ワンルームマンションを450万円と比較的安価に購入することができました。

この物件を全額キャッシュで購入するときには、震えながら売買契約をしたことは、今でも鮮明な記憶として残っています。その後、給与以外に、毎月安定して収入を得られるようになったことも、これまた大きな衝撃（まるでカルチャーショックのような！）でした。

26歳のボクは、年収350万円ほどのサラリーマンでした。所属部署の課長が40歳で月々の手取り額は30万円ちょっと。決して悪くはないと思いますが、課長は家族を抱え、こづかいは月に3万円、それでどうにかやっているという状態。

会社員をしながら、ボクも10年後には課長のようになっているのかなあ……という「先が見えた感」と同時に、将来に対する漠然とした不安も感じるようになりました。なにしろリーマンショックの影響で、失業率も上昇し、サラリーマンの平均年収も減少しているときでした。

会社に依存して給料をもらっているだけというのは、めちゃめちゃ危ない状態なんじゃないの!?

そうです。漠然とした不安とは、**会社に依存して給料をもらうだけの生活に対する危機感**だったのです。

初めて家賃収入を得たとき、将来に対する不安が晴れ、ほっとした気持ちになったことを覚えています（家賃は6万5000円で、管理費や修繕積立金を差し引いて収入は5万円ほどでした）。

同時に、自分自身に対する自信も生まれました。

その後も、物品販売や太陽光発電、大学講師、コンサルティングなど、キャッシュポイントを拡大していきました。そうして、**31歳のときには副業の収入が本業の収入の10倍以上**になり、サラリーマンを卒業するに至りました。

でも、副業を始めたときには、まさか自分がサラリーマンを辞める日が来るなんて、想像すらしていませんでした。だって、会社という「群れ」から離れるのは、すごくコワくて勇気がいることですから。

さて、ボクは不動産投資から始めましたが、資産の少ない人がお金を増やしていくには、順番があります。

最初は、実働系副業や物品販売などでお金を稼ぎ、次に、FXなどのトレードでお金を増やして、最終的には、融資を受けて不動産投資で安定収入を作るというステップです。

❶**実働系&物販**（まずは自分が働く）……資金5万円を50万円に
❷**トレード**（お金がお金を生む）……資金50万円を300万円に
❸**不動産**（仕組みがお金を生む）……資金300万円を1億円に

本書では、ここ数年、新しい働き方として注目されている**Uber Eats**（ウーバーイーツ）から、気軽に始められる**メルカリ**、趣味を生かせる**週末カメラマン**、本格的な**物販**、勉強としっかりした心構えが重要な**FX**、月々の収入が確保されている**不動産投資**まで、数々の副業を紹介し、しっかり収入を上げる手法を解説しています。

どれも本業の空き時間に就労でき、ときには本業をしのぐ収入を得られる副業ばかりです。

それらのノウハウをレクチャーするのは副業アカデミーの講師陣です。講師は全員、その分野で結果を出し続けている現役のプレイヤーたち。なかには、すぐにでもスタートでき、収入を得られる副業もあります。

副業は、サラリー以外の収入を得ることで将来の不安を払拭し、同時に自己実現をも達成できる素晴らしいビジネスです。

まさに**副業は幸せを招く「福業」**と言ってもいいでしょう。

本書を手に取ったということは少なからず、みなさんにも「このまま会社にいるしかないの？」という漠然とした不安があるからだと思います。でしたら、その気持ちに素直に従ってみてはどうでしょう。

大丈夫！「死ぬまで食いっぱぐれない方法」は、ボクたち副業アカデミーが自信をもってシェアしていきますから。

ボク自身、**副業をきっかけに人生の視野が広がり、本業面でも精神面でもプラスの変化**があったことを痛感しています。みなさんにもそんな良い変化が訪れるように、全力でお手伝いをしていきます！

STEP 1

自分が働く「実働系」でまずは5万円を稼ぐ!

STEP 2

5万円を元手に「物販」で月10万円を稼ぐ！

STEP 3

30万円を元手に「FX」で月10万円を稼ぐ！

STEP 4

300万円を元手に「不動産投資」で資産1億円を目指せ！

プロローグ

「このまま会社にいるしかないの？」と思うあなたへ

　ボクは副業についての講演活動をしばしば行っています。

　副業を始めたいが、何をすればよいのかわからない——そんな人が多いのです。

　講演では、どのような副業があり、その副業でどのように収入を得るのか、ノウハウを正しくお伝えしています。

　その日は出身大学のＯＢ会の主催で、ボクがサラリーマンから起業に至るまでの経験談をお話ししました。講演を終え、会場を出ようとすると一人の青年がやってきました。彼はボクと同じ学部で同じゼミもとっていたとのこと。以前から副業を始めたいと思っていたそうです。

「もう少し、話をお聞きしたいんですが、このあと少し時間はありませんか？」

講演会後には特別な予定はなかったものの、前日、夜遅くまで仕事をしていたので、早く帰宅したいという気持ちもありました。そこで、「今度、オフィスに来てほしい」と言うと、彼はなかなか時間がとれないと困った顔をするのです。

「30分くらいならいいですよ」

そう言って、近くのカフェに行きました。

彼は「中村です」と名乗り、名刺をくれました。見れば勤務先はイベント企画会社です。

中村

「今月はマザーズ上場企業の経営者を集めて、一般投資家向けの会社説明会を弊社主催で開くことになってるんです。その準備で忙しくて……。すいません。無理を言って」

聞けば、彼は28歳で両親と同居。仕事はそこそこ忙しく、残業もあるが、その割にはサラリーが上がらないのが悩みなのだとか。

中村

「実は、そろそろ自宅を出て一人暮らしをしたいんですが、そうなるとお金もかかるし、実家を出たら家賃を払わなきゃいけない。それに、最近、同業社が倒産して、うちは大丈夫かなあっていう不安も……」

小林

「つまり、給与だけではなかなか貯金できないし、この先、会社がどうなるか不透明で、サラリーだけに依存していることにも危機感を持っているってことだね」

中村

「そうです。それで副業を始めたいと思って、〝誰にでもできる簡単なデータ入力〟っていう在宅ワークを見つけたんです。でも、その仕事をするには高額な登録料を払う必要があるのがわかってやめました」

やめて正解です。それは100%詐欺といってもいいでしょう。

確かにデータ入力の副業はあります。その内容は紙情報やPDF情報をエクセルやワードに入力していくというもの。たとえば、アンケート回答や企業情報などをリスト化するような仕事です。在宅で就業可能なため、主婦層を中心に人気がある仕事です。ちゃんとした依頼主もいますが、少なくとも、仕事を発注する前にお金を取るなんてことはまずありえません。

≫リスクが少なく、手軽に始められる副業も！

中村

「ボクも詐欺じゃないかなと思って。それで副業をするなら、副業についてちゃんとした知識をもって、それなりの収入が得られるビジネスをしたいなあと考えたんです。そんなとき、今日の講演会を知って参加しました」

小林

「中村くん、なかなか真面目じゃないか……」

中村

「まあそれで本業の合間にササっとできて儲かる……そんな副業がやりたいんです。たとえば、ＦＸ。24時間取引可能だから、夜、仕事から帰ってもできる。最初は数万円の儲けでも、そのうち10万円、20万円、１００万円と利益をあげて、毎月、コンスタントに儲かればウォーターフロントのタワマンに住むのも夢じゃないッ！ですよね？」

小林

「……確かに、夢は大きいほうがいいけどね。それで君は投資の経験はあるの？何かＦＸの勉強をした？」

中村

「ゼロです。投資どころか、本業以外のビジネスなんて、やったことはありません。でも、ノウハウ書を一冊ざっと読めばなんとかなりませんか？　あとは少しずつ投資して、実戦で鍛えていけば儲かるようになるんじゃないかと思うんですが、どうでしょう？」

小林

「どうでしょうって……本業以外に稼いだことのない人間が、いきなりＦＸを始めて儲かるとでも思っているの？　それは丸腰で戦場の最前線に入っていくようなものなんだよ！　あっと言う間に戦死か、大ケガをするのがいいところだね」

中村

「やっぱり、そんなに甘くないですよね。いきなりＦＸは無理でも、副業はやりたいんです。何かありませんか？」

中村くんのような人から、そんな質問を受けたとき、ボクがオススメするのは、最初はリスクが少なく、気軽に始められる副業——いわばライトな副業です。そういう副業を勧めるのは、**本業以外にも稼げる仕事はたくさんあることに視野を広げてほしいのと、やれば稼げるという自信をつけてほしい**からです。

小林

「たとえば、Ｕｂｅｒ Ｅａｔｓ。飲食店のメニューを簡単に宅配注文できるサービスだけど、そこの配達パートナーはどう？ 資金はいらない、体力があって、スマホを持っていて、自転車に乗れれば誰でも、明日からでもすぐ始められる。そういうリスクの少ない副業を探してみたら？」

中村

「Ｕｂｅｒ Ｅａｔｓかあ……。ボクの会社は六本木にあるんですけど、ときどき走っているのを見かけます。会社が休みの日に、やってみようかな」

こうして中村くんの副業は、Ｕｂｅｒ Ｅａｔｓからスタートすることになりました。

中村くんの奮闘は、副業ビギナーに共通する姿

その後、ボクは副業アカデミーの講師たちを中村くんに紹介し、的確なレクチャーを受けられるようにしました。

なぜ、そんなに親身になって面倒をみたのか？　疑問に思われる人がいるかもしれませんね。

中村くんはごくフツーのサラリーマンです。彼が副業に抱く疑問や副業を始めて直面する壁は、副業ビギナー全員に共通するものです。いうなれば中村くんの軌跡は良きケーススタディーです。

そしてなにより、彼が講師陣のちょっとしたレクチャーを受け、副業で成果を上げていく姿を目の当たりにするのは楽しいことでした。同時に、今さらながらですが、講師陣のレクチャーは間違っていないと、自信を深めることにもなりました。

次章からは、中村くんがどのような副業を始め、レクチャーによって、どのようにステップアップしていったかを記していきます。

「このまま会社にいるしかないのかな？」と漠然と考えているみなさんには、中村くんの奮闘は小さな勇気と共感を与えることと思います。同時に、講師陣のレクチャーは実践的で役立つ内容です。ときには目からウロコのアドバイスもあるはずです。

それではさっそく中村くんの副業のファーストステップ、Ｕｂｅｒ Ｅａｔｓ編から見ていきましょう。

STEP 1

自分が働く「実働系」でまずは5万円を稼ぐ！

The teachers

Urber Eats
尾崎浩二さん

メルカリ
杉田梨菜さん

週末カメラマン
中川真也さん

Uber Eats

初めての副業にピッタリ！時間に拘束されない自由な働き方

気軽さ ★★★★★（星5点満点）

初期費用 8000円（専用バッグの保証金）。仕事を辞めた時点で全額返金

向いているタイプ 誰でも。好奇心旺盛、自転車やバイク好きなら言うことなし！

不向き 飽きっぽい、清潔感に欠ける

スキマ時間にアプリをオンして稼働できる！

まずは、Uber Eatsについて簡単に説明しましょう。
ひと言でいえば、Uber Eatsはフードデリバリーサービスです。
Uber Eatsに加盟しているレストランやファストフードなどの料理をア

プリで注文すると配達してくれるというサービスなのです。配達するのは従業員ではなく「配達パートナー」と呼ばれる一般人で、自転車や原付バイクを使い料理を届けてくれます。

この「配達パートナー」には登録すれば誰でも従事でき、その働き方はとても自由です。時間に縛られることも、ノルマもシフトもありません。毎日でも、休日だけでも、1時間だけでもよく、空いた時間に稼働できるのです。そして支払いは週給制。ですから、すぐに現金が入手できるというわけです。

配達パートナーの仕事はまさに副業にピッタリの仕事といえるでしょう。

その仕組みですが——。

まず、公式ホームページで配達パートナーの登録をして、アカウントを作成、パートナー用アプリをスマホにインストールします。その後、パートナーセンターに出向き、アカウントを有効化します。

これですぐに稼働できるのです。

では、実際にどう働くのか？　ホームページで公開されているサービスエリアに行き、スマホのアプリをオンラインにします。すると配達リクエストが入ります。そして画面をタップ。表示されたお店に料理を取りに行き、注文した人に届ければ完了です。仕事をしたくないときにはアプリをオフラインにしておけばリクエストは入りません。

基本的な報酬額は地域によって異なりますが、**東京では1件につき、受け取り料金（300円）＋受け渡し料金（170円）＋距離（1km150円）でこの合計から手数料35％が引かれます。**この基本料に時間帯、運んだ回数、雨や雪などの悪天候時など、さまざまな報酬がインセンティブとして加算されます。この報酬はアプリで常に確認ができます。

慣れてくれば10時間ほど稼働して、1万3000円前後、ベテランのなかには3万円も稼ぐ人もいます。

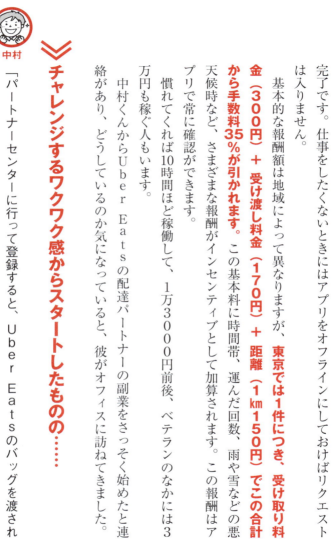

中村くんからUber Eatsの配達パートナーの副業をさっそく始めたと連絡があり、どうしているのか気になっていると、彼がオフィスに訪ねてきました。

チャレンジするワクワク感からスタートしたものの……

「パートナーセンターに行って登録すると、Uber Eatsのバッグを渡されたんです。そのときは新しいことにチャレンジするんだと思うと、子どもみたいにワクワクしちゃいましたね。自転車をレンタルして、六本木でスタート。オフィスがある六本木なら、なんとなく土地カンが働くと思ったんです」

小林　中村

「まずは一歩を踏み出せたんだね！　よかった、よかった」

「そうなんです。アプリをオンにして、数分。デリバリーのリクエストが入ったんです。画面をタップして、注文を受けるとレストラン名、住所が表示され、住所をタップ。グーグルマップのナビに従って、レストランに行き、料理をピックアップ。

これをアプリに入力するとお客さんの名前と住所が表示されます。

バッグに料理を入れて、お客さんのもとへ自転車を飛ばしました。無事、完了。

トラブルもなく、これならいくらでも頑張れるぞって思ったんです」

小林　中村

「順調なスタートでよかったね。それで続けていく自信ができた？」

「休日のランチタイム2時間ぐらいで5件、報酬は5000円前後です。時給2500円ですよ！　5時間稼働すれば1万2500円、本業の合間に4日ぐらい働けば1ヵ月で5万円！　うわーッ、すごいッ‼って、思ったんです。ところが……」

小林

「なんか事故でも起こしたの？」

中村

「今、思えば初日はビギナーズラックだったんです。2回目は朝10時前後から夕方まで待機したんですけど、なかなかリクエストが来なくて1時間ヒマつぶし、やっとオーダーが入って、自転車を飛ばしたら、なんと坂の上りが多くてヘトヘト……。あとは週末に雨が降って、そんな日にはやりたくないし。4日稼働して、初日の5000円が今のところ最高額です」

小林

「今のところって、まだ始めたばかりだろ。スタートしてすぐ、1日に2万円も3万円もどんどん稼げるなんて考えてたの？」

中村

「そんなに甘くないってわかってたんですけど……」

小林

「Ｕｂｅｒ Ｅａｔｓに限らず、お金を稼ぐって簡単なことじゃないよ。時給制なら収入は保証されてるけど、Ｕｂｅｒ Ｅａｔｓはそうじゃない。時間に縛られず、ヤル気と工夫次第で稼ぐ仕事だよ」

中村

「ヤル気はありますよ。でも、工夫って、オーダーを待ってるだけの仕事で、どんな工夫ができるんですかッ⁉ なんだか、イヤになっちゃったなあ」

Uber Eatsのベテラン配達員の登場！

ロビーで話していると「こんにちは！」と尾崎浩二《おざきこうじ》さんが明るく声をかけてきました。いつもと同じように颯爽として、日焼けした顔には笑顔がいっぱいです。

なんという偶然！ 尾崎さんはＵｂｅｒ Ｅａｔｓのベテラン配達員です。副業アカデミーでセミナーを開いていますが、その日は打ち合わせに来訪したとのこと。

さっそく、中村くんを紹介しました。

最初は遊び感覚で楽しんで！

尾崎

「配達員としてスタートしたばかりの段階で辞めちゃう人が多いんです。最初は遊び感覚、ゲーム感覚で楽しんだほうがいいですよ」

中村

「遊び感覚って、どういうことですか？　ボクは稼ぐためにやりたいんだけどなあ」

尾崎

「ボクが始めた頃の話をしましょう。ボクはテレビ番組制作会社でADの仕事をしていて、副業として始めたんです。その会社の経営が傾いたので、自分はファイナンシャルプランナーの資格を取って独立しようと思ったんです。勉強しながら稼ぐにはUber Eatsはちょうどよかった。それで説明会に行って話を聞いたんですが、そのとき、頭に浮かんだのは報酬の額ではなく、〝楽しそうだ〟〝どんなアプリかな〟っていう仕事に対する興味でした」

中村

「ボクも楽しそうだなと思いました」

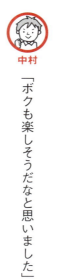

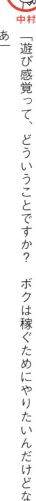

尾崎

「好奇心旺盛で新しいモノが好きっていう人には向いている仕事です」

中村

「じゃあ、ボクに向いてるはずなんだけど……」

尾崎

「スタートしてしばらくは自転車に乗って一人でぐるぐる走りまわって、公園で1時間待っても依頼がなくて、それに冬だったから、寒いし、寂しいし……つらかったですよ。始めたばかりはみんなそうです」

中村

「ですよね～。でも、やめようと思わなかったんですか？」

尾崎

「**サラリーマンだと時間に縛られて、上司に理不尽なことで怒られて、けっこうストレスが溜まる**でしょ。副業にするなら、そういうストレスがないほうがいいと思ったんです。**Uber Eatsは完全に自由。**働く時間帯も、どこで働くかも、何時間働くかも、すべて自分で決められる。情報を集めて、いろいろと工夫すればその結果がちゃんと数字に表れる。それが楽しかったから、やめようなんて思いま

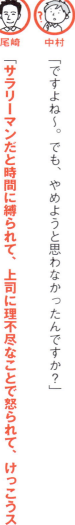

せんでした」

中村

「えっ、工夫することなんて、あるんですか？」

尾崎

「ただ、受け身で待っているだけじゃダメですよ！」

稼げるのは原付バイク。ほかの配達員との情報シェアも大事

尾崎

「当然ですが、ランチやディナータイムはオーダーが多いので、この時間は稼働する。移動手段はママチャリのような普通の自転車だと体力を消耗するから、できれば電動か、原付バイクにしたほうがいい。どちらも所有していないなら、レンタルがある。自分が使用しているのはレンタルの原付バイクです。距離によって報酬が計算されるから、原付のほうが遠くまで行けて稼げます。

自転車で５㎞走るのはつらいけど原付なら、たいしたことはないでしょ？　５㎞稼働すれば７５０円（＝１５０円×５㎞）。それが３回なら２２５０円になります」

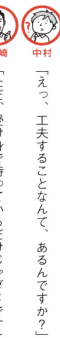

中村

「そうか……移動距離による報酬って、けっこう大きいんですね」

尾崎

「でも、絶対にバイクが有利かというとそうも言えないのです。一方通行、渋滞、細い路地、そういうエリアへの配達は自転車のほうが便利ですね。

自転車で短い距離を30件、40件こなして稼いでいる人もいます。もっとも、そういう人はもう〝神〟の領域ですけど！（笑）。だから、自転車で配達を数多くこなすという方法もありますよ。

ただ、どちらかといえば、バイクのほうが有利かな？　バイクで稼働するなら、雨除けのカバーをつけるといいですよ」

中村

「えっ、雨の日も働くんですか⁉」

尾崎

「もちろん！　**雨の日は稼げる**んです。**インセンティブがついて通常の1・5倍くらいに**なります。それに配達員が少なくなるし、雨天だと外に出たくないから、オーダーも多くなる。そこで、かなりの配達数をこなせます。

だから、雨でもある程度、快適に稼働できるように雨除けのカバーをつけるんです。快適といっても、濡れますが、ずぶ濡れにならずにすみます。
ところで中村くんは、ほかの配達員さんと話をしたことがありますか？」

中村

「ありませんね」

尾崎

「ボクは始めたばかりの頃、たとえば公園なんかで待機しているときに、ほかの配達員さんを見かけたら声をかけて情報交換をしていました。どこのエリアでオーダーが多く出るかとか、休日のこの時間帯はここが稼げるとか、そういう情報をいろんな配達員から仕入れて、時間によって待機する場所を変えたりして、リクエストが入りやすくしてましたね」

中村

「そうか……。それが工夫っていうことなんですね」

尾崎

「お店に料理をピックアップしに行ったとき、でき上がるのを待っている配達員がいることもある。そんなときにも声をかけて、道路状況とか、今までどんなところに配達したかとか、いろんなことを聞いていました。

そして知り合いになったら、ＬＩＮＥで連絡先を交換して仲間を増やして、いろいろな情報を共有できるようにしました。自分が積極的に動いて、働きやすい環境を整えていったんです。今では４００人ほどのＬＩＮＥグループができて、みんなで情報交換してます」

中村

「ボクはただボーッと待っていただけでした」

ゲーム感覚で稼げるエリアが予想できるようになる

尾崎

「待機してたのは、どこのエリア？」

中村

「渋谷、恵比寿、六本木です」

尾崎

「そういう需要の多いエリアには配達員が不足しないようにＵｂｅｒ Ｅａｔｓがインセンティブを出して、配達員を集めることがあるでしょ。たとえば、このエリアのこのお店に行くと１・５倍の報酬を出すよとか、アプリで知らせてくる。それを見て、**待機する場所を変えるのも稼ぐための工夫のひとつ**です」

中村 「確かにそうですね」

尾崎 「ところが、配達員が集まりすぎると、自分のところにオーダーが回ってこなくなることもある。中村くんが待機していたエリアは、配達員の数も多いよね」

中村 「それで、思ったほどリクエストが入らなかったのかなぁ」

尾崎 「だからボクは、ときにはあえて人があまり行かないエリアで待機してます。たとえば、繁華街ではなく世田谷の住宅地とかね。それに**配達員が少ないとインセンティブが高くなることもある**んです。

そういうのを計算して動く。**ちょっと頭脳ゲームみたいでおもしろい**と思いませんか？」

中村 「それって、まるで個人タクシーのドライバーが、どこで客待ちすれば稼げるかを考えて移動するのと同じじゃないですか！」

尾崎

「そうそう。経験を積んでいくとわかってきます。だから、**数回で辞めてしまうのは、仕事のおもしろさや稼ぎ方を知らずに投げ出してしまうのと同じ。**もったいないなあ」

中村

「自分の読みがズバリと当たって稼げたときって、ヤッター!!っていう感じ。ゲームでラスボスを倒した感じかな？」

尾崎

「そう、そう。だから、遊び感覚、ゲーム感覚で楽しめる仕事とも言えるんです。
いつだったかな……、土曜・日曜日の稼働で20件になるとプラス5000円というインセンティブが出たことがあったんです。自分は土・日曜日だと普通に稼働して1日23件、1万5000円ぐらい。それで絶対、20件こなしてやるゾ！っていう目標を持って、12時間稼働した。その結果、2万3000円。土・日曜日合わせて4万6000円。大変だったというより、目標をクリアできて楽しかったですね」

中村

「すごいな〜。なんだか、ヤル気が出てきました」

レジデンス、大使館、公園……届け先がいろいろで冒険の連続

中村

「尾崎さんが今までに配達して、印象的なエリアはありますか？」

尾崎

「そうですね。六本木ヒルズのレジデンスにはドキドキしました。そんなところに入ったことがないし、相手が外国の人だったし。でも、会計は事前のクレジット登録で、現金の受け渡しはないですし、全然、問題なく完了しました。
　ほかには大使館や月額家賃２００万円なんていうタワーマンションや芸能人に届けたこともあるし、大きなビルに届けに行って、出口がわからなくなって迷ったこともある。お花見している公園に届けたこともありますよ」

中村

「公園なんて、どうやって相手を探すんですか？」

尾崎

「電話で連絡を取り合って時計台の下とか、場所を決めて商品を渡してあげて完了。

毎日、いろんなところに行けるのが、すごく楽しい。そう思いませんか？」

中村

「この仕事をしていなきゃ、入れないところに入れますよね」

尾崎

「さっきはタワマン、今度は公園、じゃあ次は大使館？　っていうふうにＵｂｅｒ　Ｅａｔｓは毎回が冒険みたい。そういうのを楽しんでデリバリーすれば2ヵ月、3ヵ月と続けられるでしょ」

中村

「そうして、経験を積めば稼げるようになれそうですね」

尾崎

「でしょ。今ね、ちょっと考えているのは観光しながら、稼働しようっていうこと。京都でもＵｂｅｒ　Ｅａｔｓが始まったから、観光旅行に行って自転車かバイクをレンタルして、アプリをオンにすれば仕事ができる。遊びたいと思ったら、オフにすればいい。そんな自由な働き方ができるのがＵｂｅｒ　Ｅａｔｓなんです」

中村

「京都観光しながら、副業するなんて考えてもみませんでした。おもしろいですね！」

尾崎

「もう少し、続けてみる気になりましたか？」

中村

「はい！　もちろん!!　さっそく、オンにします。あっ！　リクエストが入った！」

小林

「中村くん、自転車とか、バッグとか、持ってきてるの？」

中村

「ここに寄ったのはＵｂｅｒ Ｅａｔｓで近くまで配達に来たからなんです。配達が完了して時計を見たら、忙しくなるディナータイムまでは時間があるし、ちょうどいいから、小林さんのところに顔を出しておこうかなと思って……」

小林

「じゃあ、君はここを待機場所にしてたってわけ？」

中村

「待機場所っていうか、Ｕｂｅｒ Ｅａｔｓがイヤになりかけてて、相談したいなっていうのもあって……。でも、尾崎さんに会えて吹っ切れました。ありがとうございました！　じゃあ、行ってきま〜す」

尾崎　「そうやって時間を有効に使えるのも、この仕事のいいところ！」

小林　「中村くんは思ってた以上に、たくましいな。いろんな副業にチャレンジさせても、彼なら、なんとなくやっていけそうですね、尾崎さん」

尾崎　「そうですね。楽しさがわかったら、すぐに行動できる――Uber Eatsの仕事に向いてます。それに深刻に悩みすぎないところもいい」

小林　「ですね。深刻に悩みすぎない……尾崎さん、それ褒めてるんですか？　あきれてるんですか？（笑）」

尾崎　「もちろん、評価してるんです！」

尾崎浩二プロフィール
2016年10月からＵｂｅｒ Ｅａｔｓの配達パートナーの仕事に従事。現在「400人ＬＩＮＥ配達員グループ」やブログ、「ウーバー非公認サイト」の管理運営を行う。渋谷のビルの一室に待機所を設置するなど、配達パートナーのリーダー的存在として活躍する。

中村くんコメント「だんだんハマってきました」

尾崎さんの第一印象は爽やかなスポーツマン、頼れる兄貴っていう感じでした。健康的に日焼けしてるせいかな？　笑顔で接してくれて、とても話しやすかったのです。そして、尾崎さんがＵｂｅｒ Ｅａｔｓの話をするとき、本当に楽しそうでした。心の底から、この仕事が好きなんだなあ、と思いました。

尾崎さんの話のなかで一番参考になったのは**「最初の1ヵ月は遊びのつもりで」**ということです。稼働する前、配達員のブログなどで「稼げる」と書いてあるのを見て、甘い考えですが、ボクはすぐにでも1万円ぐらいコンスタントに稼げると思ってました。ところがそうじゃない。

アルバイトで時給1000円、5時間で5000円という従来の働き方が身にしみついているので「なんだ、10時間で5000円かよ」ってイヤになってきました。でも、**バイトは時間を拘束されますが、Ｕｂｅｒ Ｅａｔｓは自由です。拘束か自由か。ボクは自由を選びました。**

尾崎さんの言うように2～3ヵ月稼働して慣れてくると、オファーが入りやすい待機場所、それに受け取りや配達のコツがわかってくるし、人の輪も広がって情報が集まってきます。その結果、報酬も増えます。そうなると、アプリで売り上げを確認するたび、「おっ、5000円」「これで6000円」「おおーッ！　1万円ゲット！」って、まるでゲームのステージを攻略していくみたいでハマります。

ボクは休日だけでなく、仕事が早く終わった日には気分転換&スポーツジムに行くような軽い気持ちで1時間だけ稼働することもあります。副業にはピッタリです！

カメ丸からのアドバイス

Ｕｂｅｒ Ｅａｔｓのリスクについて話します。それは事故です。自転車の場合、Ｕｂｅｒ Ｅａｔｓが保険会社と契約を結んでいるので対人や対物の事故があっ

ても賠償（上限額あり）されます。ただし、自分自身のケガや自分の自転車は補償の対象外です。原付バイクも補償されません。最悪の事態を想定して自賠責保険だけでなく、任意保険にも加入しておきましょう。

まとめ

- 時間に拘束されず、ノルマもシフトもない。1時間でもOKなので本業の空き時間、たとえば終業後に1時間だけ稼働して稼ぐことも可能
- 慣れるまでは稼げないのは当然。モチベーションを維持しつつ「遊び」と思って続ける
- ほかの配達パートナーと交流して情報を集める
- ひとつのエリアに固執せず、稼げるエリアの情報を得たら移動する。行動範囲を広く持ち、ときには配達員が少ないエリアで待機することも収入を増やすコツのひとつ
- 普通の自転車より電動自転車、さらに原付バイクが有利
- 原付バイクなら、雨除けをつけ、インセンティブが発生する雨天に稼働する

オマケ情報

Uber Eats公式ホームページ
http://www.uber.com/
尾崎浩二ブログ
http://ameblo.jp/delivery-tk/

クチコミ情報

「Uber Eatsはクレジットカード決済。お客さんとの現金のやり取りがないので配達員がつり銭などを用意する必要がありません。金銭のストレスがなく、仕事がしやすいです」▶配達員のやまちゃん

「ユーザーです。配達が完了したら配達員さんの評価をすることになっています。挨拶がきちんとできて、たとえTシャツにデニムでも清潔感のある人だと評価が高くなりますね」
▶港区在住のSさん

物販副業のスタートは超カンタン！　スマホで稼ぐ

気軽さ ★★★★★（星5点満点）
初期費用 不用品さえあればゼロ円
向いているタイプ スマホ・PCを持っていれば誰でもOK
不向き 特になし

フリマは副業として稼ぐのにぴったりのフィールド

中村くんから連絡がありました。「メルカリって知ってますよね？」と聞くのです。もちろん、知っています。中村くんの会社の女性がメルカリでおこづかいを稼いでいると知って、彼も副業にしてみたいというのです。

そして、始める前に稼げるノウハウを知っておきたいとのことでした。

ここで少し、メルカリについて説明しておきましょう。

メルカリは、スマホで簡単に売り買いができるフリマアプリです。同社の公開データ（2018年12月）によると7000万ダウンロード、毎月300億円以上の売買、月間利用者数は1000万人にも上ります。まさに日本最大のフリマアプリと言えるでしょう。

フリマですから、誰でも参加でき、売りたいモノがあれば、それをスマホで撮影、説明を書けばすぐに出品できます。売買が成立したら、代金はいったん事務局が預かり、支払いを確認後、出品者は商品を発送します。しかし、これで取引が完了するのではありません。

出品者と買い手が互いに「評価」し合うというステップがあります。

まず、買い手は商品が届いたら、中身を確認して「評価」し、次に出品者も購入者を「評価」します。「評価」は、「良い」「普通」「悪い」のなかから選び、これにチェックを入れて返信するのです。こうして、お互いに「評価」し合ったら、取引完了となり、事務局から出品者に代金が振り込まれます。

ですから、「払ったのに商品が届かない」とか「商品を発送したのに支払いが遅れている」などのトラブルを未然に防ぐことができます。

すぐにスタートでき、リスクも少なく、おこづかい稼ぎができる――副業にはピッタリのフィールドと言えるでしょう。そこで中村くんもメルカリで稼ごうと思い立ちました。

小林

「ボクに相談するより、まずはやってみたら？」

中村

「ボクもそう思ったんです。でも、待てよ！　利用者が多くて、簡単にできるっていうことはライバルも多いっていうことですよね」

小林

「そうだね」

中村

「でしょ！　つまり、ライバルを出し抜いて稼ぐには、なんかコツがあるんじゃないかなあ、小林先輩なら、知ってるかなあ……、それを教えてもらおうと思って連絡したんです」

小林

「中村くんも、ちゃんと考えてるじゃないか？」

中村

「当ったり前ですよ。やるからには儲からないと時間のムダだなと思って！」

そこで私が話すより、メルカリのセミナー講師として活躍している杉田梨菜《すぎたりな》さんにレクチャーを受けたほうがいいと思い、杉田さんにお願いすると快諾を得ました。

杉田さんは、なんとメルカリで月商100万円超えの実績を持つ達人です。

セミナー後に会場近くのカフェで待ち合わせました。

不用品が売れる！　捨てる前にまずメルカリ

中村

「会社の女子が昼休みにスマホを見て、〝売れた、売れた！〟って喜んでるんで、ちょっと気になって、何をやってるのか、聞いてみたんです。そうしたら、メルカリに使いかけの化粧品を出品したら、売れたって。もうビックリして、そんなものが売れるなんて！」

杉田

「ハハハハ。本当になんでも売れますよ。数回使用した口紅も売れます。そういう使いかけの商品を出すときには〝使用〇回〟とか〝残量8割〟とか、状態を正直に示せば大丈夫なんです」

中村

「じゃあ、これは売ってはダメと禁止されているモノはあるんですか？」

杉田

「偽ブランドとか著作権を侵害するなど違法なモノ、18禁やアダルト関連、それに医薬品はダメですね。ほかにも金券類や使用が利用者本人に限られたチケット類、公的証明書類など……一般的に公序良俗に反するものはＮＧです」

中村

「そっか。ボクが持っているモノは大丈夫だ！　よっし」

杉田

「セミナーでは受講生さんにとりあえず、**身の回りの不用品１００点を出品してください**ってお伝えしているんです」

中村

「１００！　なんてないですよぉ……」

杉田

「みなさん、最初はそうおっしゃいます。でも、ちょっと考えてみてください。読

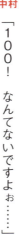

んでしまった本・雑誌、結婚式などの引き出物、雑貨、洋服……ほら、身の回りに不用品ってけっこうあるでしょ？」

中村

「確かに……でも、売れるのかなあ。そんな不用品が……」

杉田

「私が初めてメルカリに出品したのは、ダイエット・ティーでした。もちろん未開封で賞味期限前のモノ。いただいたものの、私は飲まないので、私にとっては不用品です。それがすぐに売れて……出品するのがおもしろくなったんです。
最近も、本とか、アクセサリーとか、不用品を42点出品して5日間で3万5900円を売り上げましたよ」

中村

「すごいなあ……。何があるかなあ……不用品って？」

杉田

「たとえば男性だとネクタイ、ネクタイピン、ベルト、名刺入れ、お財布なんかが売れ筋ですね。**書籍は新刊を読んだらすぐ出品すると売れます。**それも1500円ぐらいの本が1000円ぐらいで売れることもあります。リサイクルのブックショップや古本屋さんに売るより、高く売れることもあります」

中村

「なるほど、言われてみればいろいろありますね」

杉田

「部屋の掃除をしながら、不用品があったら、取っておいて、それをどんどん出品していく。出品するのに手数料は不要、売れたら価格の10％をメルカリに支払います。ですから、**売れても売れなくてもいいから、捨てる前に、まずはメルカリに出してみる**ことです」

中村

「さっそく家に帰ったら、掃除してみます！」

杉田

「たとえば化粧品のサンプルでも、500円とか、300円とかで売れるんです。捨ててしまえばただのゴミになってしまうモノが、たとえ安くても売れる。自分にとってはいらないモノでも、必要としている人がいる。そういうことです」

中村

「資源のムダを省くことにもなってるんですね。よし、ボクも副業をしながら、地球環境を守る手伝いをしよう！」

杉田

「そうそう、押し入れに眠ってるモノがあるでしょ？」

送料は基本的に出品者持ち、封筒で送れるモノがベター

中村

「ボクは両親と実家暮らしなんですけど、オヤジが使わなくなったゴルフクラブ、パター、ドライバー、ゴルフバッグもあるなあ、サイドテーブルやソファ……」

杉田

「ちょっと待ってください。多分、それを出せば売れるかもしれません。でも、たとえばサイドテーブルが売れたとします。どうやって相手に送ります？ **着払いの商品は売れにくい**ですよ。出品者のほとんどは送料込みで値段をつけています。家具など大型のモノは配送料がかなりかかるし、手続きも大変です」

中村

「あっ、配送のことを考えてなかった」

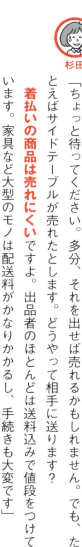

杉田

「だから、私はアクセサリーなど**封筒で簡単に送れるサイズのモノを主に出品**しています」

中村

「でも、梱包ってけっこう手間がかかるんじゃないですか？　ラッピングにはセンスのよい包装紙とか、封筒とか、そういうのを使ってるんですか？」

杉田

「包装については、神経質になる必要はありません。不用品の販売ですから、家にある紙袋や封筒を再利用すれば大丈夫です。相手に届いたときにきちんと封がしてあって、中の商品がちゃんとした状態ならばいいのです。私はごく普通の封筒を使ってますよ。

　家具などは〝大型らくらくメルカリ便〟という大型の配送サービスもありますが、最初はコンパクトなサイズのモノから始めたほうがいいでしょう」

中村

「じゃあ、ネクタイを出品してみようかな？」

杉田

「そういうのが手軽でいいです」

写真は明るく、価格は実際に売れた値段を参考にする

中村

「手軽で出品しやすいモノはいっぱい出てますよね。そのなかで売るためにはコツがありますか？」

杉田

「まず、メルカリビギナーが押さえてほしいのは**商品写真の撮り方**ですね。写真は10枚まで載せられます。いろいろな角度から撮影しましょう。

撮影は明るいところで。日中に太陽光のもとで撮るといいです。**明るめに写すと、好印象だし、なぜかオシャレに見えちゃう。**スマホで普通に撮ると少し暗く写るので、明るさを調節しましょう。それだけで購買率が高くなるんです。

夜など暗いところで撮影すると画像が暗く、ちょっと汚く見えてしまうので気をつけたいですね。少し加工するだけで売れ行きが変わってきます」

中村

「なるほど、写真の加工が売れ行きを左右するんですね！」

杉田

「とはいえ、きれいに見せようとして加工しすぎないこと。実際に購入者の手元に

渡ったとき、「写真と色や雰囲気が違うとクレームがきてしまいますから」

中村

「価格設定ですけど、何か、目安になるモノってあります？」

杉田

「同じような商品が、メルカリでいくらぐらいで売れたかを調べます。たとえばネクタイなら、〝キーワードから探す〟や〝カテゴリーから探す〟から〝ネクタイ〟を検索すると、自分が出品するネクタイと似ているモノが、いくらぐらいで出品されて、いくらで売れたかがわかります。それと同じぐらいの価格を設定すればいいのです」

中村

「できれば高く売りたいなあ……」

杉田

「ダメダメ、欲張り過ぎないこと。メルカリで実際に売れた価格と同じか、少し安めにしましょう。だって、捨てればゼロ円なんですよ」

中村

「そうですね。売れる季節とか、時期とか、ありますか？」

杉田

「**ボーナスが出たあとや年末は売れやすい**ですね。みんな、お財布のヒモがゆるむでしょ。だから、年末の大掃除を兼ねて不用品をパーッと出品する人もいますよ。捨てる前に、まずメルカリっていう感じですね」

写真を撮りためて、スキマ時間に出品する

中村

「杉田さんはメルカリをビジネスにしてるんですよね」

杉田

「はい。中国から仕入れた小物、主にアクセサリーを出品しています。仕入れサイトは『アリババ（阿里巴巴）』『タオバオ（淘宝）』が多いですね。中国製ってイメージが悪いように思われますけど、そんなことはありませんよ。意外とかわいい小物があります。

　商品を選ぶ基準はメルカリで販売実績があるかないか。実績があって、いいなと思ったら、仲介業者に言って注文を出します。あとは届くのを待つ。商品が到着したら、検品して、写真を撮ってメルカリに出品する。ざっと、そんな流れです」

中村

「うわあ、忙しそうだなあ……。かなり、時間が取られるんじゃないですか？　ボクみたいにサラリーマンしながら、スキマ時間で大丈夫かな？　Ｕｂｅｒ　Ｅａｔｓの配達はしばらく休んでメルカリかな……？」

杉田

「私は副業というより、ビジネスとしてメルカリをしていますけど、1日中、メルカリをしているわけではありません。本業はカメラマンですから、写真の仕事をしたり、セミナーの講師をしたりしながら、その合間にメルカリの作業をしています。

ちょっと時間があるときに商品の写真を撮って保存しておくんです。それで、出品はどこからでもできますから、電車の移動中とか、買い物のレジ待ち時間とか、スキマ時間で充分です！」

中村

「じゃあ、Ｕｂｅｒ　Ｅａｔｓの待ち時間に出品作業をすればいいんだ！　そういえば、使いかけの化粧品を売った女性社員は、お昼休みにちょこちょこっとメルカリを見てましたよ」

杉田「それでいいんです。だから、副業にはピッタリ！」

中村「面倒なことは、ない？」

杉田「なかには梱包や発送が面倒っていう人がいます。でも、コンパクトな商品なら、たいていは定形か定形外郵便で発送できてしまいます。それに〝らくらくメルカリ便〟というサービスを使えば、宛名書きも不要です。慣れてしまえば、そんなに面倒ではなくなるはずです。
　イヤになるとしたら、せっかく工夫して写真を撮って、出品したのになかなか売れないことかもしれませんね。私はなかなか売れないときには値下げすることもありますけど、**半年から1年ぐらいはそのまま放置**して、気長に構えてます。それでもダメなら、メルカリから消しますね」

中村「でも、消すまでは出品したモノは手元に置いておくんですよね」

杉田「メルカリは必ず在庫がないといけないんです。ですから、出品している限りは手元に確保しておいて、処分してしまってはダメです。

洋服など、1～2ヵ月が過ぎても売れなくて、このまま家に置いておくとジャマだと思ったら、メルカリから消してリサイクルショップに持っていけばいいと思います」

中村 「ずっと出品したままでＯＫなんだ。強制的に削除されたりしないんですか？」

杉田 「大丈夫、されませんよ」

中村 「杉田さんの話を聞いていると、ちょっと工夫すれば、誰でもこづかい稼ぎができちゃうみたいですね！」

杉田 「メルカリは本当に敷居の低い、超カンタンな副業です。**スマホで写真を撮って、説明文を添えて、出品のボタンを押すだけ。**それでお金になるんです。

売れたときには感動しますから！　そして、もっともっと稼ぎたいと思ったら、セミナーなどに参加して、さらに細かなノウハウを勉強してください」

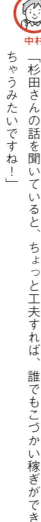

中村

「さっそく出品してみます！　それで〝もっともっと〟稼ぎたくなったら、杉田さんのセミナーに参加しますッ！」

杉田

「お待ちしてます！（笑）」

杉田梨菜プロフィール

大学卒業後、写真スタジオにカメラマンとして就職。その後、フリーランスとなり、写真の仕事に従事。メルカリは不用品販売から始め、中国輸入ビジネスを学び、副業で月収30万円、2016年には月商100万円を達成する。メルカリ取引件数は5000件以上。セミナー講師やフリマアプリスクールを運営、メディアに出演するなど活躍している。

中村くんコメント「片づけとお金稼ぎで一石二鳥！」

杉田さんは、とても優しい雰囲気でニコニコしながら、メルカリの話をしてくれました。月商100万円を達成するには、いろいろと試行錯誤して面倒なこともあ

ったと思うけど、杉田さんの話からは、そういう苦労を感じません。

それどころか「誰でもできて超カンタン！」って、杉田さんは断言します。話が具体的ですぐに実践できるノウハウばかり。杉田さんの指導で月収20万円を稼いだ主婦がいると聞いたけど納得できます。

ボクはメルカリって、不要になった洋服を出す女子専用フリマみたいに思ってました。でも、メルカリのサイトを見ると、本当にいろんなモノが出品されています。本・雑誌、CD、チケット、家具、野菜まで。なんでもアリなんだ！

家族にメルカリの話をしたら、姉の友人がよく利用しているとのこと！　子どもの服やシューズを出品したり、購入したり。子どもってすぐ大きくなるから、需要があるそうです。どうやら姉も元カレからプレゼントされた何かをメルカリで売ったらしいです。

なんだ、こんなに身近でメルカリしてたなんて、知らなかったなあ……。

そして、ボクは使っていなかった**某コーヒーショップの限定発売のタンブラーを出品**してみました。価格は同じモノが過去にいくらで売れたかを参考にしました。

そうしたら、売れましたッ!!　3000円です。もう、ビックリ！

だってUber Eatsの配達の帰りに出品して、翌日には売れてたんですよ！

３０００円っていう額も嬉しいけど、何より「売れた」という事実に感動すら覚えました。

ハマりそうです。身の回りの不用品をじゃんじゃん、出品しようっと!!

いらないモノだらけだった部屋もキレイになるしね。一石二鳥ってヤツです！

カメ丸からのアドバイス

杉田さんは「タオバオ」の購入代行サービスにグッズエイト（http://www.goods-8.net/）という仲介業者を使っています。海外からの仕入れには信頼のおける業者を使うことが大事。仲介業者については、ＳＴＥＰ２「物販」の梅田潤さんの項目（84ページ）で説明するので参考にしてくださいね。

まとめ

●誰でも不用品を出品できて販売できるので超カンタン！
●出品手数料は無料。売買が成約したら、売り手は販売価格の10％を手数料と

して支払う

●出品するモノは封書で送れるか、送料があまり高くつかないようコンパクトなサイズにする

●出品に添える写真は10枚。異なる角度から撮影する

●写真は明るめの画像がよい。ときには加工も必要だが、その際は加工しすぎないこと。実物と色が異なるとクレームの対象になる

●出品物の写真を撮りため、本業の合間など、スキマ時間に出品手続きをする

●出品する不用品は、掃除したときなどによけておくとよい

●出品した商品は売れるまでは手元に置いておく。なかなか売れず、不用品として処分するのはメルカリから消去してから

オマケ情報

メルカリ公式ホームページ
https://www.mercari.com/jp/
メルカリで稼ぐ杉田のブログ
http://www.mercari-rina.com/
杉田梨菜フェイスブック
http://www.facebook.com/rina.sugita.7

クチコミ情報

「出品するモノに傷や汚れがあったら、商品説明に明記して、さらにその部分の写真を撮ってアップしておくといいです。あとでクレーム対象にならずに済みます」 ▶出品者Y

「〝評価〟のコメントですが、私は梱包にきれいな包装紙を使っていたら、〝丁寧な梱包で気持ちよかったです〟と評価しています。あとは普通に〝迅速な対応でした〟っていうコメントにしています」 ▶ユーザーKさん

週末
カメラマン

写真好きなら嬉しい副業、カメラマン登録で休日に稼ぐ！

気軽さ ★★★★☆（星5点満点）
初期費用 カメラを購入する場合は中古で5万〜10万円
向いているタイプ 写真が趣味、人が好き、フットワークが軽い
不向き 人と接するのが嫌い

家族写真、学校行事にカメラマンへの依頼が増加

「先週、友人の結婚式で撮影係を頼まれちゃったんです。式場が有名なフレンチレストランで、食事を楽しみにしてたんです。でも、撮影に忙しくて、ゆっくり味わえなかった。それが、ちょっと残念だったなあ。いい写真が撮れて友人は喜んでくれたんですけどね……」

ある日、中村くんがそんな話をしました。

彼に写真撮影は得意なのかと聞くと、勤務先がイベント企画会社なのでイベント会場の風景をよく撮影するとか。機材も一応、揃っているとのことです。

実は中村くんと会う少し前に、写真撮影の副業が注目されているという話を聞いたばかりでした。

話をしてくれたのはフォトグラファーの中川真也《なかがわしんや》さんです。家族写真、学校行事などの撮影で、ある程度の技術を備えたアマチュアカメラマンへの撮影依頼が最近、増しているというのです。プロに頼むより、リーズナブルな料金で、しかもまったくの素人が撮影するよりレベルが高い写真を撮ってもらえるからだそうです。

そこで写真撮影の副業について調べてみました。

撮影の依頼はカメラマンとユーザーとのマッチングサイトで行います。そのようなサイトではプロだけでなく、アマチュアでもカメラマンとして登録できます。ですから、写真が趣味という会社員や主婦が多数、登録して仕事をしています。

ネットで検索するといろいろなマッチングサイトが見つかります。

中川さんも「**Fourtrive**」というマッチングサイトの運営にかかわっていますし、キヤノンマーケティングジャパンからの出資を受けている「**OurPhoto**」、写真素材の販売会社ピクスタが運営する「**Fotowa**」、幼稚園・保育園の行事写真を主に撮影する**「はいチーズ！」**など多数あり、ほとんどのサイトでカメラマンの募集・登録を行っています。

サイトのなかには登録する際、作品審査、面接などを課しているところもありますが、ある程度の撮影技術があれば、こうしたマッチングサイトに登録して副業としてカメラマン活動が行えるのです。

中村くんは結婚式の撮影係を頼まれるぐらいですし、仕事でも撮影の機会が多く、写真は得意のようです。そこで、中村くんに撮影の副業があると言うと、ぜひやってみたいとのこと。

中川さんを彼に紹介して、写真撮影を副業にするにはどのようなスキルが必要なのかを聞くことにしました。

イマドキのカメラは設定さえ覚えれば大丈夫

中村

「あのぅ……ボクは一応、仕事でイベント会場の風景写真を撮ったりしてますけど、ちゃんと写真の勉強をしたことがありません。それでも大丈夫なんですか？」

中川

「問題ないです。ボクは大学を卒業してキヤノンに勤め、レンズの開発に携わっていました。写真が好きだったこともあり、会社を辞めて独立したんです。最初は独学で勉強して、その後、プロのカメラマンのアシスタントをして、技術などいろいろと覚えていきました。写真専門学校に行かなくても、基本的なポイントを覚えれば、お客さんに充分満足してもらえる写真が撮影できますよ。

なにしろ、**今はカメラの性能がすごくいいので設定をちゃんと理解して、その場に合った設定を選べば大丈夫。**キヤノンにいたボクが言うのだから、説得力があるでしょ（笑）」

中村

「それなら、ボクでもできますね。機材なんですが、やっぱりいいカメラを持ってないとお客さんにウケが悪いとか、あるのかなあ……？」

中川

「キレイな写真を撮ってほしいという要望なら、キヤノンとかニコンなどの一眼レフの初級クラスで充分対応できます。

ただ、最終的に学校の行事写真を撮影しているような写真スタジオと契約して仕事をもらうとなると、中級以上のカメラがいいですね。

キヤノンでいえば『70Ｄ』あるいは『6Ｄ』というクラスです。新品は高価ですが、中古で5万円から10万円ぐらいでいいモノが買えます。

そのほかに揃えるモノとしてはカメラにつけるストロボ、ＳＤカード。そして写真編集ソフトですね。例をあげればＡｄｏｂｅ（アドビ）が提供している『Ｌｉｇｈｔｒｏｏｍ』です。ＬｉｇｈｔｒｏｏｍにＰｈｏｔｏｓｈｏｐもついた『フォトプラン』というのがあって、これなら月額９８０円で利用できます。多くのプロが使っているソフトです」

休日の撮影で1件5000円、知人の撮影からスタート

中村
「仕事を受注するにはマッチングサイトに登録さえすればいいんですか？」

中川
「そうです。でも、すぐに仕事はきませんよ」

中村
「ですよね〜。そんな甘いもんじゃないと思います。じゃあ、依頼がくるまでずっと待機ですかぁ……」

中川

「そこで、知人から仕事をもらうのを手掛かりに、仕事をスタートさせることをオススメします」

中村

「えっと、どんな撮影があるんだろう？」

中川

「家族写真やイベントの写真ですね」

中村

「家族写真って……」

中川

「**七五三やお宮参り、お誕生会、年賀状用やハロウィン、クリスマス会**とか、いろいろあるでしょ？」

中村

「なるほど。先日、ボクが友達から依頼された結婚式の披露宴や二次会の撮影なんかもありますね」

中川

「そうそう。それでＳＮＳに写真をアップしてもらったり、知り合い同士の間で話題にしてもらったりするんです。そこから、〝こんなにステキな写真が撮ってもらえるなら、お願いしたい〟というふうにもっていく。こうして**知り合いから知り合いへと依頼の輪を広げていく**のです」

中村

「だいたい、料金っていくらぐらいなんですか？」

中川

「マッチングサイトでは七五三や家族写真だと1件あたり８０００円、初心者で1件５０００円ほどですね。プロなら3万円以上、セミプロで1万５０００円ぐらいかな。サイトによっては1枠50分で６０００円という設定もあります。

　カメラマンの仕事は基本的には自分で料金を設定できる仕事なんです。ですから、経験を積んでスキルアップしたら、料金を上げてもかまわない。それでお客さんが満足してくれればＯＫなんです」

中村

「時間的にどうでしょう。サラリーマンの副業としてやっていけますか？」

中川

「もちろん！　七五三やお宮参りなどで家族が揃うのはやはり休日。ですから、平日に仕事を持っていても対応できます。

学校行事の写真撮影も同じです。たとえば運動会。こういう行事は保護者も観覧に来ますから、休日が多いですよね。季節はたいてい春か秋。すると同じ日に数校が重なり、カメラマンの需要が増して、不足することもあるんですよ。

学校写真を撮影に行くと、けっこう副業でやっている初心者さんを見かけます」

写真加工で個性を表現、たくさんの写真を見てセンスを磨く

中村

「撮影が終了したら、写真はプリントアウトするんですか？」

中川

「基本的にプリントアウトはしません。データをＤＶＤなどに移して郵送、あるいはネット上にアップしてお客さんにダウンロードしてもらうというパターンがあります。そのうえでプリントにしてほしいという要望があれば追加料金で応えます。

データですが、**お客さんに渡す前やサイトにアップする前には加工**をします。この加工が大切なんです。カメラマンの特徴を表現できますから。

この作業には写真加工用のソフトを使います。ボクは先ほど（68ページ）お話しした『Ｌｉｇｈｔｒｏｏｍ』からプリセット素材をダウンロードして加工しています」

中村

中川

「プリセットって何ですか？」

「プリセットは〝前もってセットした〟加工の設定です。たとえば光沢を落としたマットな仕上がり、レトロな色合い、カラーをモノクロにする、より鮮やかな仕上がりにする……そんな加工の設定があらかじめ用意されているのです。プリセットの機能を使えば、雰囲気のある写真にするのに、自分で細かい調整は不要なんです」

中村

「ズブの素人が写真の加工・編集をイチからやろうとすると大変ですけど、そんな既製の編集設定があればラクですね」

中川

「そうですね。**どんな加工をするかによって、撮影した人の個性が表れます。**それで自分の特徴を出して、ほかのカメラマンとの差別化を図っていく。気に入ってもらえれば、〝○○さんに撮ってもらいたい〟と指名されるようになります。つまり、

個性を出して自分のファンを増やしていくのです」

中村

「そういう編集ってセンスが必要ですよね、どうすればセンスのいい編集ができるのかなあ？」

中川

「そうですねぇ……、ヒマな時間にインスタグラムやネットに上がっている写真をいっぱい見てください。そして、**いいなと思ったらマネをしてみます。**マネから入ればいいと思います。ポーズ集も見ておくと参考になりますよ。

あとは**気に入った画像を保存しておいて、お客さんにそれを見せて、どのテイストにしますかと聞いてもいい**ですね」

中村

「いっぱい写真を見て、マネしたり、自分ならこうすると考えたりするわけですね」

中川

「そうして撮影を続けていけば技術も高まるし、自分らしさというか、個性や特徴が出てくると思います。

最初は笑顔のきれいな写真を撮ることを目指しましょう！」

中村

「記念写真を撮るときに、よく〝笑ってください〟って言われますけど、なかなか自然に笑えないですよね。どうやって笑顔を引き出してるんですか？」

中川

「家族写真の撮影だったら、**最初に子どもと遊んで仲良くなって子どもを笑顔にすることがキーポイント**です。親は子どもが楽しそうにしていれば自然と笑顔になります」

中村

「なるほど。反対に子どもの機嫌が悪いと、〝どうしたの？〟って親も心配になって笑うどころじゃないですよね」

中川

「そうです。それに、撮影する側が緊張していると相手も緊張しちゃいますよね。ですから、こちらが肩の力を抜かないと……。そういう意味でも、知り合いの撮影から始めて、撮影の場に慣れておくのがいいんです」

中村

「コミュニケーションが大事なんですね」

中川

「技術も重要ですが、人とのつきあい方も大きな部分を占めます。ですから、〝人が好き〟という人ならこの仕事に向いています。そして、ちゃんとした良識をわきまえている必要もあります。

　お客さんに満足してもらうことが大事なので、きちんと会話して接する必要があるのです。そのうえでお客さんが何を求めているのか、要望を把握して、希望に沿った撮影をすること」

中村

「自分の価値観を押し付けるような撮影をしてはダメなんですね」

中川

「撮影する前に〝こうしましょうか？〟とポーズなどを提案しても、決めるのはお客さんです。なかには〝好きに撮ってください〟という人もいますが、言葉通りに、好き勝手に撮影するのではなく、これでいいのか、話をしながら相手の要望を引き出して、満足してもらえる撮影をすることです」

中村

「その点は大丈夫です！　ボクはイベントのプレゼンでいろんなお客さんと接して

ますから、相手のニーズを聞き出すのは得意です」

中川

「それなら心配ないですね。

家族写真の撮影は、次につながる撮影でもあるんです。七五三を撮影したら、次はバースデイ記念、年賀状用とか、最初の仕事で気に入ってもらえれば〝今度はこれを撮って〟というふうにつながっていく。すると、その家族の歴史を追うことにもなる――**撮影の副業はお金を稼ぐだけではない、依頼してくれた家族の歴史を共有するという魅力**もあるんです」

中村

「素敵ですね。それに、いろんな人に会えるし、いろんな場所に行けるのもいいなあ」

中川

「それに技術が上がって料理や商品の撮影ができるようになれば店舗との契約も交わせるようになる。**家族写真から始めて、仕事はどんどん広がっていきます。未来につながる仕事**だと思います」

中村

「すっごく楽しそうだなあ……。よし、まずは友人に家族写真を撮らせてもらうことから始めます！」

中川真也プロフィール

静岡県三島市出身。立命館大学卒業。キヤノンに勤務後、職を離れ、プロの写真家につき、撮影技術を磨く。現在、フリーのフォトグラファーとして、関東をメインにウェディング、広告、家族写真、イベント写真などの撮影で活躍している。

中村くんコメント「くしゃみで笑顔が引き出せた！」

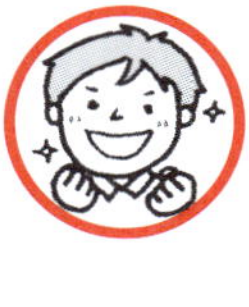

中川さんはボクの質問にひとつひとつ丁寧に答えてくれました。撮影のときもきっと、優しい雰囲気で相手と接するのだと思います。この仕事では**撮影のスキルと同時にコミュニケーションがうまく取れるかどうかが、いい写真を撮るキーポイントに**なる気がします。たとえ短い撮影時間でも相手と良好な関係が築けなければ、笑顔の写真なんて撮れないですもんね。

中川さんは笑顔が欲しいとき、「笑ってくださいね」とストレートに言うこともあるそうです。**家族写真では子どもの笑顔を引き出すために風船を膨らますなど、子どもと仲良くする工夫も大事**とのこと。

ボクはさっそく、友人一家に頼み込んで家族写真を撮らせてもらいました。子どもは3歳の女の子モモちゃん。

場所は友人の家の近くの公園です。当日は晴れ。モモちゃんは母親の後ろに隠れています。普段、小さい子どもと接したことがないボクはどうしていいのか戸惑いました。それでも、最初に子どもと仲良くなることが大事と言われていたのを思い出し、ちょっとしゃがんで子どもと同じ目線で挨拶。なんとなく、モモちゃんが笑ったような……。

撮影場所を探すのを兼ねて、みんなで公園を散歩。モモちゃんが真ん中で両親と手をつなぎ楽しそう。そこで3人の前に回ってシャッターを切ります。

モモちゃんがカメラに興味を持ったようです。カメラを見せてあげました。ここでカメラについて少し説明。「これ、なに?」というような質問も出て、モモちゃんと少し会話が交わせます。

抱っこをせがむモモちゃんに父親が応じると、顔中が笑顔。これも撮影。カメラ目線が欲しいと思い、お母さんにボクのほうに来てもらい、モモちゃんに手を振ったり、声をかけたりしてこちらを向かせます。大成功です！

抱っこが終わるといきなり走り出すモモちゃん。お母さんが追いかけます。これを連写。後ろ姿ですが、なかなかおもしろい構図になりました。

今度はボクのほうに向かって走ってもらいます。子どもって走るのが好きなんですね。いい表情です。

こうして慣れてきたところでモモちゃんだけの写真を撮影。何枚か写すと飽きてきたのか、目線が違うところにいってしまいます。

中川さんは**「わざとくしゃみをして子どもの関心を引くことがあります」**と言っていました。このテクニックをマネしてみようと思い、大きな声でハクション！モモちゃんはビックリして、こちらを向きます。目を見開いた表情の写真が撮れました。こうして約1時間、撮影は終了。疲れたけど、おもしろかったなあ……。

でも、初対面の家族だったら、ここまで打ちとけることができるか、ボクは無理っぽい。やはり、**最初は知人の撮影で子どもと仲良くなるコツをつかんだほうがよさそう**です。

撮影したデータはすべて友人に渡しました。友人は数枚をＳＮＳにあげて宣伝してくれたようです。もしかしたら、友人の友人から依頼が来るかもしれません。そうだ！　Ｕｂｅｒ ＥａｔｓのＬＩＮＥグループにも撮影のことを話してみようっと！

カメ丸からのアドバイス

ユーザーとカメラマンとのマッチングサイトでは募集・登録の際に機材を指定しているところがあります。なかにはニコン、キヤノン、ソニーなどメーカーや機種（高画質な写真を残しやすい「フルサイズのミラーレス」限定など）を指定するサイトもあります。機材を揃えるなら中古でもいいので、前述のようなメーカーの中級機以上にしておけば、ほとんどのマッチングサイトに対応できます。

まとめ

- **必要な機材は中級機以上の一眼レフカメラ、ストロボ、ＳＤカード、写真編集ソフト**
- **ユーザーとカメラマンとのマッチングサイトに登録し、依頼を待つ**

●最初は知人の家族写真の撮影から始め、クチコミで仕事を広げる
●きちんとした会話、応対ができることが必要条件
●写真の加工で個性を表現する。そのためには多くの写真を見て、どのような表現方法があるかを知り、自分が作業する際に参考にする
●家族写真はまず、子どもと仲良くなる
●依頼者の要望をよく聞き、満足を得られるような写真に仕上がるよう心掛ける。自己満足にならないこと

オマケ情報

中川真也フェイスブック
http://www.facebook.com/shinya.naka123
Fourtrive ホームページ
http://www.fourtrive.com/
OurPhoto ホームページ
https://our-photo.co/
Fotowa ホームページ
https://fotowa.com/
はいチーズ! ホームページ
https://8122.jp/

クチコミ情報

「看護師の仕事をしています。子どもや人と接するのは得意。休日は気分転換を兼ねて、撮影に出かけます。相手とは事前にラインでやりとりをしてポーズなどの希望を聞いています」　▶S・Oさん

「サラリーマンです。登録しているサイトでは運営会社の主催で登録カメラマン同士の交流会や技術の講習会を開いてくれます。そういう機会に積極的に参加してスキルアップを図っています」　▶Nさん

STEP 2

5万円を元手に「物販」で月10万円を稼ぐ！

The teachers

中国輸入ビジネス
梅田潤さん

電脳せどり
黒川喜寛さん

中国輸入ビジネス

売れる中国製品をリサーチ！安く仕入れて安定的に稼ぐ

気軽さ ★★★☆☆（星5点満点）

初期費用 5万円

向いているタイプ 雑貨好き、持続力がある、ガマン強い

不向き 飽きっぽい

少額資金で始められるのが魅力！　中国輸入ビジネス

メルカリ（44ページ）で物販のおもしろさを実感した中村くんですが、杉田梨菜さんの**「中国からの輸入雑貨を販売している」**という話がずっと頭に残り、いつか自分も挑戦してみたいと思っていたそうです。

そこで、中国のネットモール「タオバオ（淘宝）」や「アリババ（阿里巴巴）」を検索して覗いてみたものの、「サイトは中国語で、どうしていいかわからなかっ

たんです。中国から雑貨を個人輸入している人に話を聞きたいんですが……」とのこと。

中村くんの相談に応じてくれる、ピッタリの人がいます。

梅《うめ》田《だ》潤《じゅん》さんです。

梅田さんは副業で中国から仕入れた商品を日本のアマゾンで販売するビジネスを始め、月給以上の収入を上げることに成功し、独立。月収100万円超えの実績を持っています。現在も物販業の傍ら、経験から身につけたノウハウをレクチャーする書籍の出版やセミナーの開催を行っています。

ある日のセミナー終了後に、梅田さんを中村くんに紹介しました。

梅田

「中村くんは、〝アマゾン輸入〟というビジネスを知っていますか？」

中村

「海外から輸入した商品を日本のアマゾンで販売するビジネスですね。それで梅田さんは中国に限定して輸入を行っているんですか？」

梅田

「そうです。私が行っているのは、中国輸入ビジネスです。『アリババ』や『タオバオ』から商品を仕入れ、アマゾンで販売しています」

中村

「中国に限定しているのはなぜですか？」

梅田

「理由はなんといっても、**安く仕入れることができ、利益率が高いから**です。

中国製の商品は1点あたり数百円からです。ですから、5万円もあればかなりの量を仕入れることができます。つまり、**少額の資金で始められる**のです。

利益率は60～70％、さらには80％、なんと90％という商品さえあります。

そして**継続的な販売が可能**です。継続的というのは数個販売したら、商品が尽きてしまうのではなく、売れる商品が見つかったら販売し続けることができるほど、多くの商品量があるということです。

小資金でスタートできる、利益率が高い、継続して販売できる。

この3つが中国輸入ビジネスの魅力です」

中村

「中国からの輸入だとニセモノとか不良品とか、ちょっと心配なんですが……？」

梅田

「**ニセモノを防ぐには、そもそも〝ノーブランド〟を扱うこと**です。不良品に関しては、ある程度は出るものだと覚悟してください。ある商品を10個注文したら、上の1個だけ商品が入っていて、あとの9個は中身がカラだったこともありますよ」

中村

「そんなの詐欺じゃないですか！　返品できないんですか？」

梅田

「確かに、詐欺ですね。返品ですが、中国の商取引の習慣で、返品する際には送料は買い手が負担することが多いのです。たとえ不良品でも。だから、日本に届いたら、もう、返すに返せない。泣き寝入りです。あきらめるしかないんです」

中村

「どうしようもないなんて、ひどいなあ。不良品をつかまないためにはどうすればいいんでしょう？」

購入代行業者をビジネスのサポーターに

梅田

「不良品うんぬんの前に、そもそもどうやって中国から商品を仕入れるか、わかりますか？」

中村

「言われてみれば、そうですよね。ボクは『アリババ』と『タオバオ』のサイトを見ただけで、日本に輸入することまで考えていませんでした」

梅田

「中国から商品を輸入する方法は、自分で行う、購入代行業者に任せるという2つの方法があります。

自分で行う方法ですが、最初に『アリババ』と『タオバオ』のアカウントを取得して、現地中国の銀行口座を開かなくてはいけません。そして、商品を購入したら、ショップから自宅までの配送手配、税関の手続きも必要ですから、これらをすべて自分で行うことになります」

中村

「そんなの、ボクには無理です！　あきらめます」

梅田

「ちょっと待って。ここであきらめちゃダメ」

中村

「勉強しろっていうんですか？」

梅田

「ははは。そんなことは言いません。**購入代行業者に頼めばいい**んです。商品の購入から配送、通関まですべての手続きを代行してくれる業者です」

中村

「そんな便利な業者さんがあるんですか⁉」

梅田

「そうなんです。基本的な流れをざっと説明しましょう。
ほとんどの代行業者は、日本と中国の両国に事務所を構えています。中村くんが『タオバオ』で買いたいモノを見つけたら、日本にいる代行業者に注文を出す。代行業者がそれを確認して中国にいるスタッフに購入を指示、スタッフが買い付けて商品を日本の代行業者の事務所に配送、事務所から中村くんが指定した場所へ商品を納品してくれる。こういう流れになります」

中村

「ボクは代行業者に注文を出せばいいだけですか？」

梅田
「そうです。簡単でしょ！」

中村
「日本語でいいんですか？　支払いは日本円で大丈夫？」

梅田
「代行業者は日本人が運営しているところが多いですし、中国人スタッフでも日本語が通じるところがほとんどです。**決済は日本円**です。代行業者には商品代金のほかに、さまざまな手数料、送料などを支払います。

自分一人ですべてを処理する手間や煩雑さを考えると、手数料など多少の費用はかかってても購入代行業者を利用したほうがいいと思います」

中村
「確かに！　自分で中国語を勉強して輸入するなんて無理っす」

梅田
「それに、しっかりした業者だと簡単な検品もしてくれるんですよ。

私は**CiLEL（シーレル）という代行業者を利用**しています。ここは簡易検品をしてくれて、不良品が出たら知らせてくれるんです。

たとえば『箱がつぶれていますが、箱だけ手配しましょうか？』とか、写真を送

中国輸入ビジネスの流れ

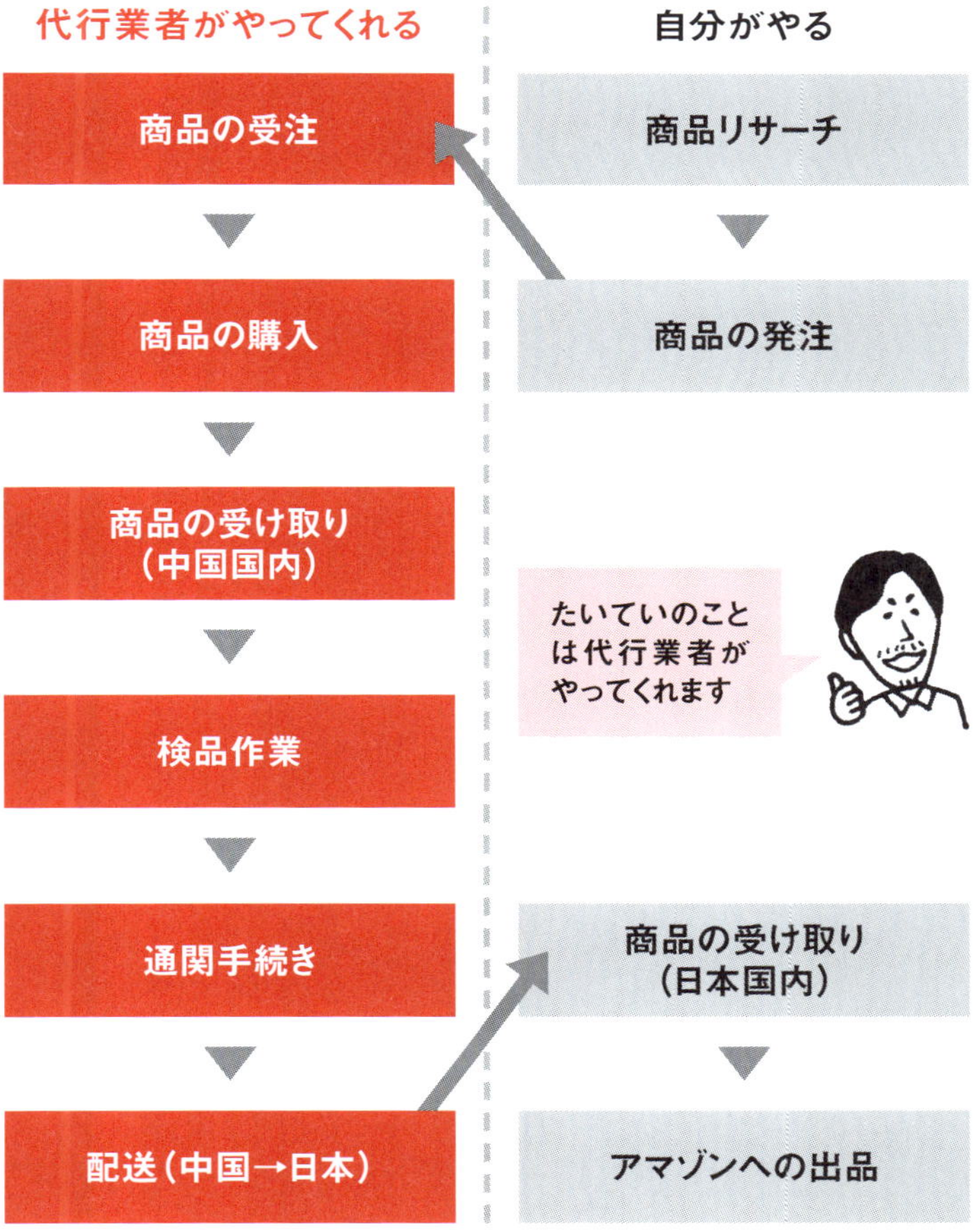

ってくれて『返品しましょうか？』とか、不良品をどう処理するか、こちらの意向を確認して、必要なら相手と交渉もしてくれます。ですから、とても安心なんです」

中村

「購入代行業者はビジネスパートナーですね」

梅田

「その通り。それだけに、しっかりしたところを選んでほしいです」

売れる個人輸入の商品はアマゾンで調べる

中村

「商品の仕入れ先ですが、アリババとタオバオはどこがどう違うんですか？」

梅田

「どちらも巨大なネットモールです。**タオバオは個人向け、アリババは企業向け**といえるでしょう。タオバオは1個からでも購入できますが、アリババはロットという最低取引数が決まっています。たとえば、10個からとか100個からとか、まとまった数量を購入しなければいけません。その代わり、タオバオより価格は安いです」

中村

「でも、初めから大量に仕入れるのはリスクだなあ……」

梅田

「そうですね。在庫を抱える心配があります。そこで、**最初はタオバオで少量を仕入れ、売れるかどうか様子を見て、ビジネスに慣れてきたらアリババでまとまった数量を仕入れる**ようにしましょう」

中村

「タオバオのサイトを見ると、膨大な商品があって、一体、どれを仕入れて売ればいいのか……？」

梅田

「アマゾンで販売するんだから、アマゾンで売れるモノを調べて、出品すればいいんです」

中村

「それはわかりますケド。じゃあ、中国からの個人輸入で、どんな商品が売れてるのか、どうやって判断するんですか？」

梅田
「それを知る方法があります。**『モノレート』というサイトを使い、リサーチをかける方法**です」

中村
「モノレートって、なんですか？　初めて聞きました」

梅田
「モノレートはアマゾンに出品されている商品の出品者数、ランキングと価格の推移が調べられる無料のツールです。アマゾンで売られている中国製のノーブランド商品を見つけ、モノレートでリサーチしてその商品が売れているかどうかを調べます」

中村
「アマゾンでは膨大な商品が売られてるんですよ。そのなかからどうやって見つけるんですか？」

梅田
「では、商品の探し方から話しましょう。まず、アマゾンの公式サイトを開きます。そして、キーワードを使って検索をかけます。**キーワードは〝ノーブランド〟。ほかにも〝ノンブランド〟〝中国製〟など**があります」

売れる中国輸入商品を調べには?

ここではキーワードは〝ノーブランド〟、〝おもちゃ〟カテゴリー、★3以上、価格3000～5000円で検索してみました。商品検索は、以下を参考にしてみてください!

商品検索のヒント!

1. キーワードは〝ノーブランド〟〝ノンブランド〟〝中国製〟など
2. 商品は、サバイバルゲーム関連グッズ、コスプレ、iPhoneケース、LED関連商品のイルミネーションや時計が多い
3. 出品者がFBAを利用していると、個人輸入の可能性が高い
4. 商品の絞り込みは「出品者が5人以下」「カスタマーレビューで★3以上」(ただし商品ページのレビュー評価は★3.5以上が望ましい)「販売価格が2500円以上」という条件から

中村

「先ほどおっしゃってたニセモノを防ぐためですね。ブランドだとニセモノがありますもんね。〝中国製〟は、ずばり中国製品を検索するんですね」

梅田

「そうです。検索すると、いろんな商品が出てきます。次に中国から個人輸入で商品を仕入れている出品者を探します。そういう出品者には一定の傾向があります。

サバイバルゲーム関連グッズ、コスプレ、ｉＰｈｏｎｅケース、ＬＥＤ関連商品でイルミネーションや時計を扱っている人が多いのです。そこで、これらのジャンルをチェックします。

さらにその商品が個人輸入かどうかを見極め、彼らが扱っている商品を探し出していきます。その手掛かりとなるのが**〝ＦＢＡ〟というサービス**を利用しているかどうかです」

中村

「ＦＢＡって何ですか？　それ」

梅田

「〝フルフィルメントby アマゾン〟を略して、ＦＢＡです。フルフィルメントとは、

FBAを利用している出品者の見分け方

"新品（中古品）の出品" から、配送の方法を見ていこう。アマゾンからの発送は、FBA を利用しているよ。さらにその出品者のほかの「製品」もチェックすると、中国輸入商品が見つかるかも!

ＥＣサイトで注文から商品到着までに必要な業務全般のこと。

つまり、**アマゾンが商品の梱包・発送を代行してくれるサービス**で、中国から個人輸入を行っている人は、ほとんどが利用しています。ＦＢＡを利用すると配送の項目に『Amazon.co.jp が発送します』（95ページ、97ページ図）と表示されます」

中村

「へー、アマゾンが配送する商品と同じ扱いになるわけですか？」

梅田

「そうなんです。この表示を調べるには、商品ページの〝新品の出品〟あるいは〝新品／中古品の出品を見る〟をクリックします。すると出品者一覧が示されますから、配送の項目を見ればわかります。

こうして**ＦＢＡ利用者が見つかれば、その人が扱っているほかの商品を〝製品〟を開いて調べます。**さらに、ほかの商品から出品者一覧を見て、ＦＢＡ利用者かを調べ……と同じ作業を繰り返せば、中国からの輸入商品を数多く見つけられます。

また、商品を検索したあとにトップページにいくと下部に〝これにも注目〟〝チェックした商品の関連商品〟〝○○のおすすめ商品〟などが表示されます。ここからも中国輸入の商品を探すことができます」

中村

「すごい数の商品になるんじゃないですか!?　それを全部、『モノレート』でリサーチするんですか？」

梅田

「調べる価値のある商品、つまり売れる商品だけを調べます」

中村

「えっと、どうやって？」

梅田

「**3つの条件**をクリアしている商品に絞り込むのです。

まず、**出品者が5人以下の商品。**出品者が多いと価格競争になってしまう恐れがありますから。次に**カスタマーレビューで★3・5以上**（商品検索の段階では★3以上）。★3以下はお客様に満足していただけない可能性があります。そして、**販売価格が2500円以上。**それ以下だと〝薄利多売〟になるので数多く販売しなければなりません。ある程度、単価を上げて販売数を抑えながら利益を出しやすくするのが得策です。

あと、**季節性のある商品もあまりオススメできません**」

中村

「季節性って？　夏向きのアウトドア用品とかクリスマス用品とか？」

梅田

「そうそう、そういう商品です。

私の経験なんですが、夏向きのハンモックを仕入れたんです。ところが、何かのトラブルでなかなか日本に届かない。届いたときには夏が終わって、もう秋。仕方がないから、原価すれすれまで価格を下げて、やっと売ったんです。そういうこともあるのでシーズン性のあるグッズを、ビギナーは手出ししないほうがいいですね」

モノレートでリサーチして売れる商品をタオバオで購入

中村

「アマゾンから商品を絞り込んだら、いよいよ『モノレート』でリサーチですね！」

梅田

「では、リサーチ方法を説明しましょう。『モノレート』のページを出します。

検索欄に調べたい商品名を入れるのですが、商品名ではなく、ＡＳＩＮコードを

「モノレート」による検索結果

「モノレート」（https://mnrate.com/）にASINの10桁を入力

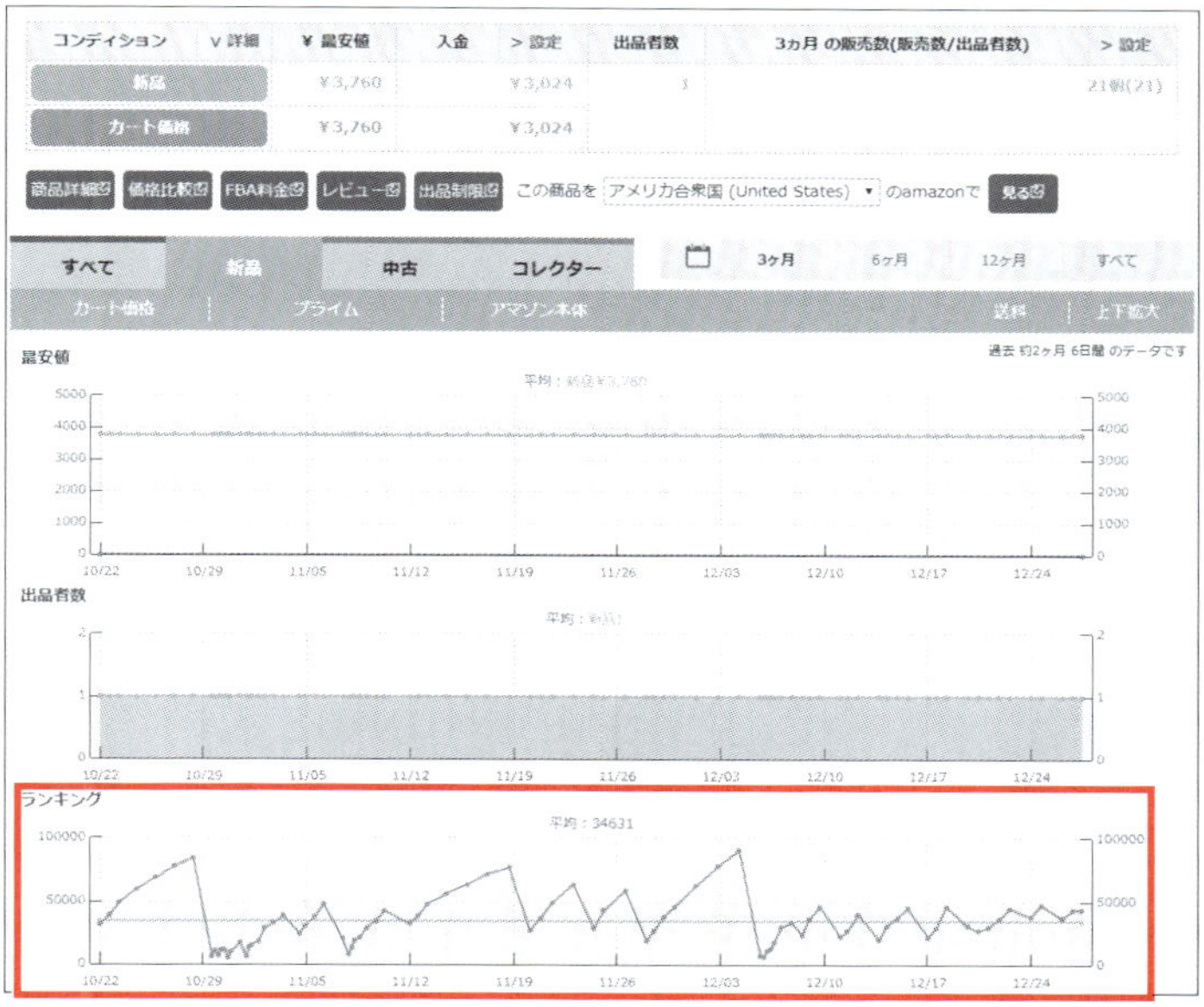

グラフの下のほうがランキング上位に当たり、この商品は3ヵ月の間にグラフの上下回数が10回以上あって、売れている傾向にあります。グラフが平坦だったら、売れてないと見て、リサーチは終了

入れます。これはアマゾンで商品を特定するコードで、商品ページの登録情報に『ASIN：○○○○○○○○○○』と10桁の英数字で記載されています。

　このコードを『モノレート』で検索します。そして当該商品ページが表示されたら、最初に〝ランキング〟、そして〝出品者数〟〝最安値〟のグラフを見ます。販売数は3ヵ月で10個（10回）以上は売れてほしいですね。

〝ランキング〟の折れ線グラフは、商品が売れると下に振れて、売れないと上にあがります。**グラフが上下してギザギザになっていると、よく売れていると推測**できます。**3ヵ月の間に10回以上、上下していたら『売れている』と判断**します。上下せず平坦だったら売れていないと思われるので、この時点でリサーチは終了です」

中村

「逆に、売れていると判断できる商品だったら、次はどうするんですか？」

梅田

「そうしたら、**出品者数と最安値を見ます。**
出品者数が増えていたら、この先もライバルが増える可能性があるということです。
そして最安値ですが、急に下落しているようなら、価格競争が始まっていて、この先も価格が安くなっていく危険性があります。

売れていると推測できる商品でも**出品者数が増え、価格が下落していたら仕入れるのはやめたほうがいい**でしょう」

中村

「そうして、アマゾンで売れている商品が見つかったら、同じ商品をタオバオで探して、購入するんですね」

梅田

「タオバオでその商品を探すには、アマゾンと同様にキーワードで検索します。
たとえば、アマゾンで『フルーツエコバッグ　ラッピング袋つき　ナイロントート　折り畳み　エコ』の商品を見つけたとします。
キーワードを〝フルーツ　折り畳み　買い物〟と考え、翻訳サイト（グーグル翻訳など）で訳します。そして中国語の単語で検索します。これでヒットしなければ、検索ワードを変えたり、増やしたり減らしたりして、再検索を繰り返します。
検索結果が出たら、さらに価格で絞り込みます。検索窓の下にある〝价格〟が価格です。ここに価格の上限を入力します」

中村

「上限価格は、どうやって決めるんですか？」

梅田

「『商品原価＋１４００円』で設定してみてください。

仮に、商品の販売価格を２５００円とした場合、アマゾンとＦＢＡの手数料、国際送料などの経費を足すと、１４００円ぐらいになります。それで商品原価に１４００円をプラスする感じです。

小物で送料が抑えられそうな場合は『＋１０００円』という感じです」

中村

「ええと、アマゾンの販売価格が３０００円だとしたら、１４００円を引いて１６００円が仕入れの上限価格なんですね」

梅田

「そうです。1元を約16円とすると、１６００円は１００元ほどになります」

中村

「検索キーワード、上限価格……そのほか、気をつけたほうがいいことは何ですか？」

梅田

「最後に、そのショップの評価に注意してください。評価はハート、ダイヤ、王冠

「タオバオ」で商品を探す

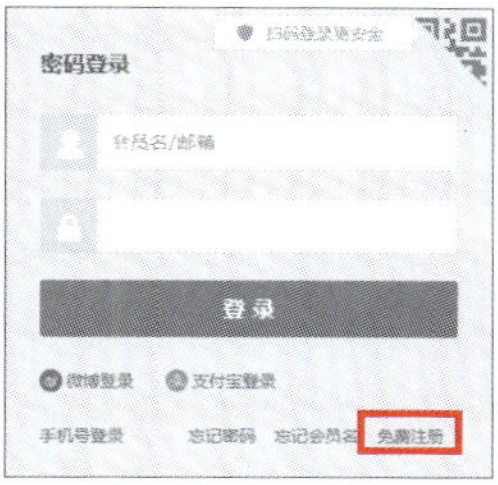

「タオバオ」(https://world.taobao.com)で検索するには、「免费注册(無料登録)」する必要がある。右下の「免费注册」をクリックして携帯電話番号やパスワードを登録していく

中国語がチンプンカンプンな人は「English」を選択してみて

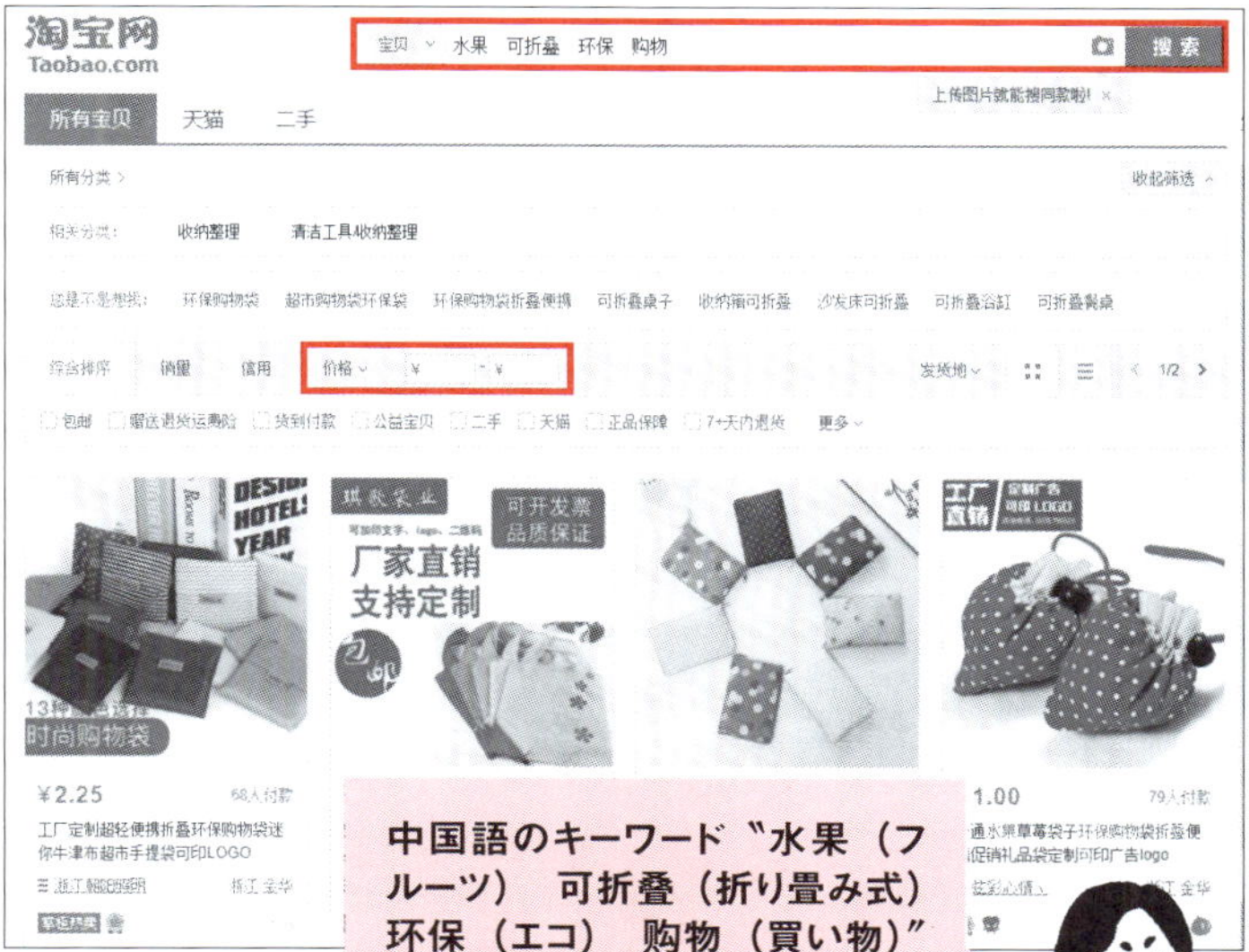

中国語のキーワード〝水果(フルーツ) 可折叠(折り畳み式) 环保(エコ) 购物(買い物)〟で検索してみると、いろいろヒット! 「价格」は価格のことです

マークで示され、それぞれが5段階評価になっています。買い手からの評価が上がるにつれて、ハート、ダイヤ、王冠とステップアップしていく仕組みです。ハートひとつでは、価格は安くても不良品率が高いかもしれません。ダイヤマーク2つ以上のショップから仕入れましょう」

中村 「お店の評価は、中国語ができなくても、マークで判断できますね」

梅田 「あと、グーグルの画像検索で、見つけた商品と同じモノを探すのも手です」

最初は3個を仕入れ、売れ行きや仕入れ先をチェック

中村 「アマゾンで商品を探すのも、それを今度はタオバオで探すのも、どちらも大変そうですね……」

梅田 「最初は時間がかかっても、だんだん慣れてきます。それまでは1日1時間でもいいから、コツコツと毎日、商品探しを続けてください」

中村

「毎日1時間かぁ……。なかなか時間がとれなくて」

梅田

「でも、1日を見直すと通勤時間、昼休み、帰宅してから寝るまで……、スキマ時間があるはずです。

たとえば**アマゾンで商品をどんどんピックアップしておく。ある程度、数が揃ったら、今度はモノレートでリサーチ。そして商品を絞り込んで、タオバオで探す。**こういう方法もありますよ」

中村

「じゃあ、早起きして、出勤前にリサーチしてみようかな」

梅田

「いいですね。毎日、商品探しを続けていると、この商品はこのキーワードで探せばいいとか、売れそうだとか、そういった感覚がつかめてくるんです。それに中国語もなんとなくわかってきます」

中村

「時間の使い方を工夫してやってみます。

商品が見つかったら代行業者に購入をお願いするんですね。苦労して見つけたんだから、10個ぐらい仕入れちゃえばいいかな」

梅田

「その気持ちはわかりますが、**最初は3個まで**にしておきます。3個をアマゾンに出品して売れ行きを見ます。そうして様子を見て、売り上げがいいようなら、もっと多くと数を増やしていきます。それに、仕入れ先の商品や対応を見て、そこが優良店かどうか、これから仕入れ先として利用に適しているかどうかもわかります」

中村

「仕入れる数を決める目安はありませんか？」

梅田

「販売に慣れてきたらモノレートのランキングを参考にしてもいいですね。単純に考えて、ランキングは売れるたびに動くから、**1ヵ月に10回グラフが上下していれば少なくとも1ヵ月に10個は売れた**ということです。それで**出品者数が3人だったら、1ヵ月に1人3個を売った計算に**なりますよね。

そこに自分が参入したら4人になるから、2個かな、1ヵ月半なら3個かな……そんなふうに売れ行きを見ながら仕入れる数量を考えていきます」

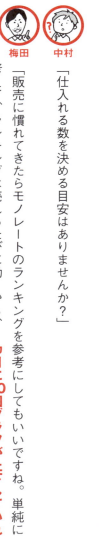

マーケットプレイスへ出品。継続が大きなヒットへの原動力に

中村

「代行業者から商品が届いたら、検品をして、いよいよアマゾンに出品ですね」

梅田

「初心者にオススメなのは、**マーケットプレイスへの出品**です」

中村

「ボクも利用しています。アマゾン以外の出品者が販売しているんですよね」

梅田

「そうです。それに、すでにアマゾンにある商品ページを利用して出品・販売する方法です。いわば相乗りですね。

出品の方法は、アマゾンの公式サイトで〝Ａｍａｚｏｎで売る〟の項目をクリックして、その手順に従えば、誰でもすぐにできますよ」

中村

「ボクのような個人でも、アマゾンの販売業者としてデビューできるんだあ」

梅田

「業者になったら利用してほしいのは、前にもお話ししたＦＢＡサービスです。商

品の保管、受注処理、配送、返品対応までをまるごと代行してくれます。
これを利用すれば自宅に商品を保管したり、自分で配送を手配したりという手間が省けます」

中村
「商品なんですが、売れなかったらどうすればいいんでしょう？」

梅田
「**商品は1ヵ月半ぐらいで売り切るのがベスト**ですね。それで売り切れなかったら、最後の手段として値下げ、あるいはヤフオクに出品して処分して、新しい商品と入れ替えます。
そのとき、なぜ売れなかったのか――**出品者が多すぎたのか？ 自分のリサーチが甘かったのか？ 売れなかった理由を考え、次の商品を仕入れるときには同じことを繰り返さない**ようにしてください」

中村
「自分でリサーチして仕入れた商品が、売れたら嬉しいだろうな！」

梅田
「もちろん！ 初めて仕入れた商品が売れたときには嬉しかったですよ」

中村

梅田

「どのくらい儲かったんですか？」

「3個から始めたんですが、利益なんてほとんど出ませんでしたね。**売れるのがわかればいい**と思ったんです。1個売れて、2個売れて、こういうペースで売れていくんだってわかって、次からは仕入れの数を増やして、そして経験を積み重ねていったんです。
誰でもそうですが、最初は儲けなんて1個売れて500円、3個売ってても1500円の利益、そんなものです。いきなり、1万円の利益なんて出ませんよ」

中村

梅田

「梅田さんは、最初に何を販売されたんですか？」

「ええっと、ペン立てだっけなあ、ペンケース？　そんな感じで、**基本は小さい・軽い・壊れにくいものがオススメ**です。ほかにも、アウトドア用のスコップとか、コスプレの小道具とかもいいですよ」

中村

「ビギナーズラックで、いきなり一攫千金なんてないのかあ」

梅田

「でもね、**500円の利益を積み重ねていくと、自分のノウハウが蓄積されて、大きなヒットにつながる**んです。ですから、利益が少ないといってイヤにならず、継続することが大事です。

そして、自分がリサーチして仕入れた商品がどんどん売れだすと、それはもう、やったあ！と痛快だし、嬉しいし、おもしろくなってきます。

ですから、最初はコツコツやりましょう！　必ず、努力が花開きますから！」

中村

「わかりました。まずは**売れそうな商品探しからスタート**します！」

梅田潤プロフィール

1977年生まれ。大阪府出身。大学卒業後、株式会社eSPORTSに入社。オークション事業を立ち上げ、トップクラスのストアに育て上げる。2007年、同社を退社。2009年、(株)オークファンに入社し、企画・コンサルティング、仕入れ商材情報の提供や講演に従事。副業で中国輸入を始め、2014年に独立。翌年には月収100万円を突破。著書に『中国Amazon輸入』(あさ出版)、『ヤフオク!本気で儲ける!』(技術評論社)がある。

中村くんコメント「まるでミステリーの謎解きのよう！」

ボクは独身だけど、梅田さんは家族を最優先するために副業を始め、独立したそうです。

「この副業は家族でできるところがいいんですよ。家族で検品したり、商品を選ぶのも、家族で検討できるし、子どもには親が働いている姿を見せられるし……」って、「家族が一緒」を強調しているのが印象的でした。誠実で家族を大事にしている人だなあと思いました。

中国輸入ビジネスのベースは、商品探しにあると思います。アマゾンで中国からの個人輸入者を見つけて、その人のストアへ行って商品を探す。そしてモノレートでリサーチする――ここまではなんとかなりました。

でも、そのあとがタイヘン。いきなり「タオバオ」でキーワードを入れても、最初はうまくいきません。

後日、梅田さんに「商品がなかなか見つかりません（泣）」とメールで泣きついたところ、梅田さんはこんな返信をくれました。

「中村くんがすぐに見つけられる商品は、誰でもすぐに見つけます。多くの人が出品しやすいので、商品寿命も短くなります。でも、**苦労して見つけた商品は、ほかに見つける人が少ないので、長く売れる可能性が高い**です」

梅田さんの言葉はすべての商売に通じる名言だと思いました。儲けるためには誰もやっていないことをやらないと！

ボクはまずグーグルの画像検索で、その商品が掲載されているほかの中国サイトを探しました。そのサイトでどのように表現されているのかを見て、中国語のキーワードを知り、それを「タオバオ」で検索のときに入力するようにしました。

言葉の壁はゼロではなかったです。でも、乗り越えられない壁ではないと思います。だって、何回もこの作業をやっていたら、なんとなくわかってきたからです。

梅田さんが言うように継続が大事だと思います。

商品を探すのはおもしろいですよ。もともと、検索するのは好きなので、**アマゾンからタオバオまでたどっていく過程はミステリーの謎解きのようなおもしろさ**がありました。

そして、目当ての商品が見つかったときには、すっごく嬉しかった！

コツコツやっていこうと思います。

カメ丸からのアドバイス

アマゾンの商品ページでは、出品者が数人いても、そのなかの一人の名前で「この商品は、○○が販売し、Amazon.co.jpが発送します。」という表示があります。この状態で「カートに入れる」をクリックすると、この表示の「○○」さんのFBA在庫の商品が売れます。これを「カートを取る」といいます。どの出品者が表示されるかはローテーションしていますが、詳細は非公表です。ただし、「カートを取る」条件として「価格が最安値」「FBAを利用」「購入者から評価が高い」などが考えられます。特に「価格が最安値」「FBAを利用」は必須です。

まとめ

- **中国輸入ビジネスの魅力は「少額資金」「継続的に販売できる」「利益率が高い」**
- **一連の流れは、アマゾンで個人輸入の商品を見つけ、モノレートでリサーチ、**

タオバオあるいはアリババで仕入れ、アマゾンのマーケットプレイスで販売

●購入代行業者はビジネスパートナー、しっかりした業者を選ぶ

●アリババは大量仕入れにも対応、タオバオは1個からでも購入できる

●アマゾンに出品する商品はノーブランドを扱う

●ノーブランドをキーワードにアマゾンで商品を探す

●モノレートでリサーチするのは出品者が5人以下、★3・5以上、販売価格2500円以上の商品

●モノレートでは、最初にランキングを見て、グラフの上下をチェック

●商品のキーワードを翻訳アプリで中国語にし、タオバオで検索する

●タオバオでは店の評価も大事

●仕入れた商品をアマゾンのマーケットプレイスに出品、FBAを利用する

●1ヵ月半で売り切れなければ、在庫は処分して商品を入れ替える

●1日1時間、商品探し・リサーチ・検索を行い、コツをつかむ。持続することが大事

オマケ情報

合同会社梅田事務所
https://corporate.umedajun.com
アマゾン公式サイト
https://www.amazon.co.jp/
CiLEL（シーレル）
https://cilel.jp/
モノレート
https://mnrate.com/

クチコミ情報

「家族で稼働してます。私がアマゾンから商品を探し、リサーチして仕入れる商品をリストアップ。妻と２人で数量などを検討。妻が代行業者に発注。送られてきた商品は子どもと一緒に検品。そしてアマゾンへ出品です」 ▶カズさん

「ブランド品のコピーは絶対に仕入れないこと。ヴィトンとはうたっていなくても、エピ柄やダミエ柄の商品なんかもダメ。そういうのはアマゾンでは出品できません」 ▶トモさん

掘り出しものを安く買って、お客の多いアマゾンで売り出す！

気軽さ ★★★☆☆（星5点満点）

初期費用 仕入れに1万円と3万円ほどの中古パソコン（つけっぱなしが基本なので壊れてもすぐに買い替えできるもの）。合計4万円

向いているタイプ 粘り強くコツコツ続けることができる人

不向き 1週間に1度しかリサーチできない、あきらめが早い

仕入れ、販売をネットで行う「電脳せどり」

夜、中村くんが久しぶりにオフィスにやってきました。最近は副業が〝複業〟になって忙しいのだとか。充実した毎日を過ごしているようです。

彼の近況報告を聞き、雑談をしていると中村くんがこんなことを言いました。

中村

「アマゾンでビジネス書を買ったんです。それで昨日、会社の近くのブックオフに行ったら、同じ本なのにずっと安いじゃないですか？　損しちゃったなあ……。
　そこで考えたんですけど、古本屋さんで安く買った本をアマゾンで高く売ったらどうかな？　ちょっとセコいかなあ……」

するとセコい……!?　いやいや、そんなことありません」と関西弁のイントネーションで声をかけてきた人がいました。

「それを〝せどり〟っていうんです！」

その人は、黒川喜寛《くろかわよしひろ》さんです。

黒川さんは国内せどりのエキスパート。それも、ネットを利用した電脳せどりで月商４００万円を上げているベテランです。

さっそく中村くんを紹介しました。

中村

「ところで〝せどり〟ってなんですか？」

黒川

「古書業界で使われていた言葉で、簡単にいえば転売です。本の背表紙を見て選ぶことを〝背取り〟といいます。掘り出し本を見つけて安く購入して、ほかの店に転売するんです。今では古書に限らず、**日本国内の店舗で安く買った商品を違う店舗で高く売るビジネスのことを〝せどり〟**と言っています」

中村

「へー。じゃあ、古本屋で買って、アマゾンで高く売るのは、まさに〝せどり〟なんですね」

黒川

「そうです。本を転売する話ですが、私も昔、副業にしてましたよ。ブックオフに行って、１００円均一の古本やセールでさらに30％オフになった古本などを買ってきてアマゾンで高く売ってたんです」

中村

「実際にそんなことができるんだ。でも、必ずしもアマゾンで高く売れるとは限らないですよね？」

黒川

「ちゃんとアマゾンの価格を調べてから、仕入れるんです」

中村

黒川

中村「それで、ブックオフのほうが安ければ仕入れるんですか？」

黒川「そうです。本のせどりをする人は小型のバーコードリーダーとスマホのアプリを使ってますね。本の裏についているバーコードを読み取るとすぐアマゾンの価格と比較できるアプリがあるんです」

中村

黒川

中村「ボクもやってみようかな？」

黒川「やってる人はたくさんいるけど、今は、なかなか利益が上がらないようですよ。というのも、ブックオフでセールをしなくなってきていますからね」

中村

黒川

中村「つまり、安く仕入れられなくなったっていうことですね」

黒川「そうです。あと〝店舗せどり〟っていうのもあるんですよ。私は本の次に、店舗せどりをしたんです」

中村「それはどういう転売なんですか？」

黒川「家電量販店やホームセンターに行って、安く売られている商品を買ってきて、アマゾンで売る。本に比べれば単価が高いので利益もいいんです。会社に勤めながら、**土日に店舗を回っただけで200万円も売り上げた月**があって、これはいいと思って突き詰めてやったら、すごく利益が上がった。これなら、サラリーマンを辞めても大丈夫だと思って会社を辞めちゃいました」

中村「月商200万円なら、サラリーマンよりも稼げそうですよね」

黒川「でも、今は、これもやってません。やれば利益は出るんですけどね」

中村「なんで、やっていないんですか？」

黒川「家の近所に量販店がないんですよ。だから遠くの量販店へ5、6店舗回って仕入れてたんですけど、車でそれだけ回ると5時間ぐらい運転していることになります。

ふと、〝この時間がもったいない〟って思えてきまして。1日のうち5時間は運転してるだけで何もしてないんですよ。それで家でできる仕入れはないかと考えて、思いついたのがインターネットでの仕入れです」

中村
「ネットを使えば、出かける必要がないですもんね」

黒川
「そうです。ネットで仕入れてネットで売る、〝電脳せどり〟を始めたんです」

中村
「電脳せどりって、なんかカッコいいです！　店舗に足を運ぶ必要がなく、スマホでできるなら、ボクもやってみたいなあ！」

お客様の代わりに、商品を探して届けることが儲けの源泉

黒川
「実はね、電脳せどりは、副業に向いているんですよ。

ネットで購入するので、すぐに仕入れができ、アマゾンに出品してすぐに売れる。**仕入れから、お金になるまでのスピードが速いこと。**それに、**利益率も利益額も高**

いモノにこだわりながら、資金も少額で始められること。これが魅力です」

中村
「ところで、ちょっと疑問なんですけど……。量販店で安売りしている電化製品が、なんでアマゾンではより高い値段で売れるんでしょう？」

黒川
「なぜだと思います？」

中村
「さあ……？　アマゾンに場所を移すと需要が生まれるわけですよね」

黒川
「逆をいえば、高く買ってくれるお客さんが、街の量販店には来ないわけです。だって、アマゾンに比べたら量販店に来店するお客さんは、かなり少ないですよね。

一方、**アマゾンは1ヵ月に何千万もの人が見ています。**この差なんです。

つまり、街の量販店に来るお客さんのなかにはその製品を欲しい人がいなくても、アマゾンのユーザーのなかには自分の身近にその商品がなくて、でもあれば買いたい人がいるということです」

中村「そうかー！　たくさん露出して、それを欲しがっている人の目に留めることが大事なんですね」

黒川「そうです。転売とは商品をいろんなところから探し出して、仕入れて、それを欲しがっている人のところに届けるビジネスともいえます。**利益は商品を探す手間賃**です。それがせどりの利益の源泉だと思ってください」

中村「転売っていうと、右から左に商品を流して……ちょっとイメージが悪いですよね」

黒川「それは不当な買い占めをする人たちがいるからです。人気の商品が発売されたときに転売業者による組織的な買い占めが横行したり、人気のチケットなんかも買い占めて高く売る人たちがいる。でも、それとは違います」

中村「電脳せどりの仕入れ先はネットショップですよね。安く買ってアマゾンで高く売ればいいんですよね」

黒川

「そうです」

中村

「じゃあ、楽天のスーパーセールなんかで安く買って、アマゾンで高く売ればいいんじゃないですか？」

黒川

「それで利益が出ることもありますが、うまくいかないこともあります。
アマゾンでは１万円で売っている商品が、楽天スーパーセールでは１０００円で販売されたとします。じゃあ、１０００円で仕入れて、アマゾンに出品したら１万円で売れますか？」

中村

「売れそうに思えるんですけど……」

黒川

「楽天スーパーセールで、１０００円で買った人たちがいっせいにアマゾンに出品していくんですよ。そうすると、出品者たちはわれ先にと高値で売り切ろうと、値下げ合戦になります。そうすると、いくらまで下がると思いますか？

最悪、楽天で買った値段よりも安く、半値の500円くらいまで下がることもあるんです」

中村

「ええッ！　そんなに値崩れしちゃうんですか」

黒川

「そうです。ですから、**楽天のような全国規模のセールで仕入れるのはあまりやらないほうがいい。**みんなが見て、みんなが買えるから、それほど利益が上がらないんです」

中村

「ネットのショップで安く仕入れるんですよね。みんながあんまり見てなくて、みんなが買えないショップなんてあるのかなあ……？」

黒川

「ありますよ。ヤフオクです！」

中村

「ヤフオクってボクのまわりではみんな見てるし、入札してますよ」

黒川
「そうでしょうね。でも、入札したら、必ず買えますか？」

中村
「それが、買えないこともあるんです。ボクはこの前、夜に入札して、自分が最高額だと思って安心して寝ちゃったら、その後に入札したヤツがいて、たった100円差で買えなかった……くやしかったなあ」

黒川
「そうでしょ？　みんなが買えるとは限らない。ヤクオフで落札時間が自動で延長されるのは知ってますよね？」

中村
「終了5分前を切って入札があると、終了時間が5分延長されるシステムですよね。ボクは終了間際に入札して、落札できた！と思ったのに、あれ、終わらなくない？なんて思ったことがあります」

黒川
「そうそう。だから、どうしても買いたければ、終了までずっと価格の推移を監視してなきゃいけない。粘らなきゃいけないわけです。あるいは、自分が出せる上限額を決めておいて、それを超えて入札されたら、あきらめるしかない」

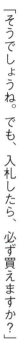

中村
「ボクは仕事があるから、そんなに粘ることできないですよ」

黒川
「みんなが買えるわけじゃない。だから、私はヤフオクで仕入れるんです」

中村
「ボクには無理。粘るのも、面倒だし、あきらめます（涙）」

黒川
「そう簡単にあきらめちゃダメだな。**面倒なことはお金になる、誰もやりたがらないところにはお金が落ちている**んです」

中村
「でも、実際問題として仕事があるから、1日中、ヤフオクに張りついているなんてできませんよ」

黒川
「それを解決してくれるツールがあります。**『BidMachine（ビッドマシーン）』というヤフオク自動入札ソフト**です。
このソフトを使って、自分がオークションで支払ってもいい上限金額を設定して

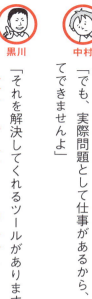

おけば、ほかの人の入札があるたびに追跡して自動で入札をしてくれます。だから、ずっと張りついている必要はありません。このソフトは無料版もありますが、月10回しか自動入札できないので、私は月額650円の有料版を使っています」

中村

「ヤフオクでも、〝最高入札額〟を入力しておくと、自動的に入札される仕組みがありますよね。それを使えばいいんじゃないですか？」

黒川

「でも、ヤフオクだと入札した時点で、ほかに最高入札額を設定している人がいたら、入札合戦が始まってしまうでしょ。仮に、オークション終了の1日前に、自分が設定した最高入札額まで上がってしまったら、安く仕入れができません。ところが、**Bidmachineは、設定した時間まで入札をしないので、ムダな入札合戦をしないで済みます**」

中村

「なるほど。それなら、パソコンに張り付かなくても、より安く落札できるわけですね。ところで上限金額ってどうやって決めるんだろう？」

黒川

「それはその商品が、**アマゾンでいくらで売れたかを調べて、利益の出る金額を上限金額に設定すればいい**じゃないですか」

出品者が少なくて、希少価値のある商品や廃番品を探せ!

中村

「アマゾンで実際に売れた価格を教えてくれる**『モノレート』**（94ページ参照）がありますね。それで調べればいいですね」

黒川

「**『Keepa（キーパ）』**というツールもありますよ。Keepaは無料のツールで、ブラウザに拡張機能を追加できます。インストールするとアマゾンの商品の下に過去に売れた価格をグラフで示してくれる、とても便利なツールです」

中村

「あの～一体、どんなモノがアマゾンで高く売れるんでしょう?」

黒川

「**廃番品や在庫切れなど、なかなか手に入らない商品**ですね。たとえばワープロ」

中村

「えっ、ワープロなんて、イマドキ売れるんですか？」

黒川

「そう。こんなものが売れるのかって思うでしょ？　ところが、アマゾンでワープロを検索するとシャープの『書院ＷＤ－Ｘ８００』が１万８４８０円で出品されています。本当に売れているのか、Ｋｅｅｐａのグラフを表示すると最安値は１万円ほど、高値では２万円ほどで売れています」

中村

「へー、ワープロに需要があるんだ。この機種がヤフオクではいくらで落札されたんですかね？」

黒川

「それは、ヤフオクで商品名を検索し、『落札相場を調べる』を見ればわかります。ヤフオクでは動作しているものが５０００円前後で落札されていますね。差額は安値で売ったとしても約５０００円です。高値で売れれば１万５０００円です」

中村

「そういう高値で売れるレアな商品は、どうやって探せばいいんでしょう？」

アマゾンでワープロ（書院WD-X800）を検索した例

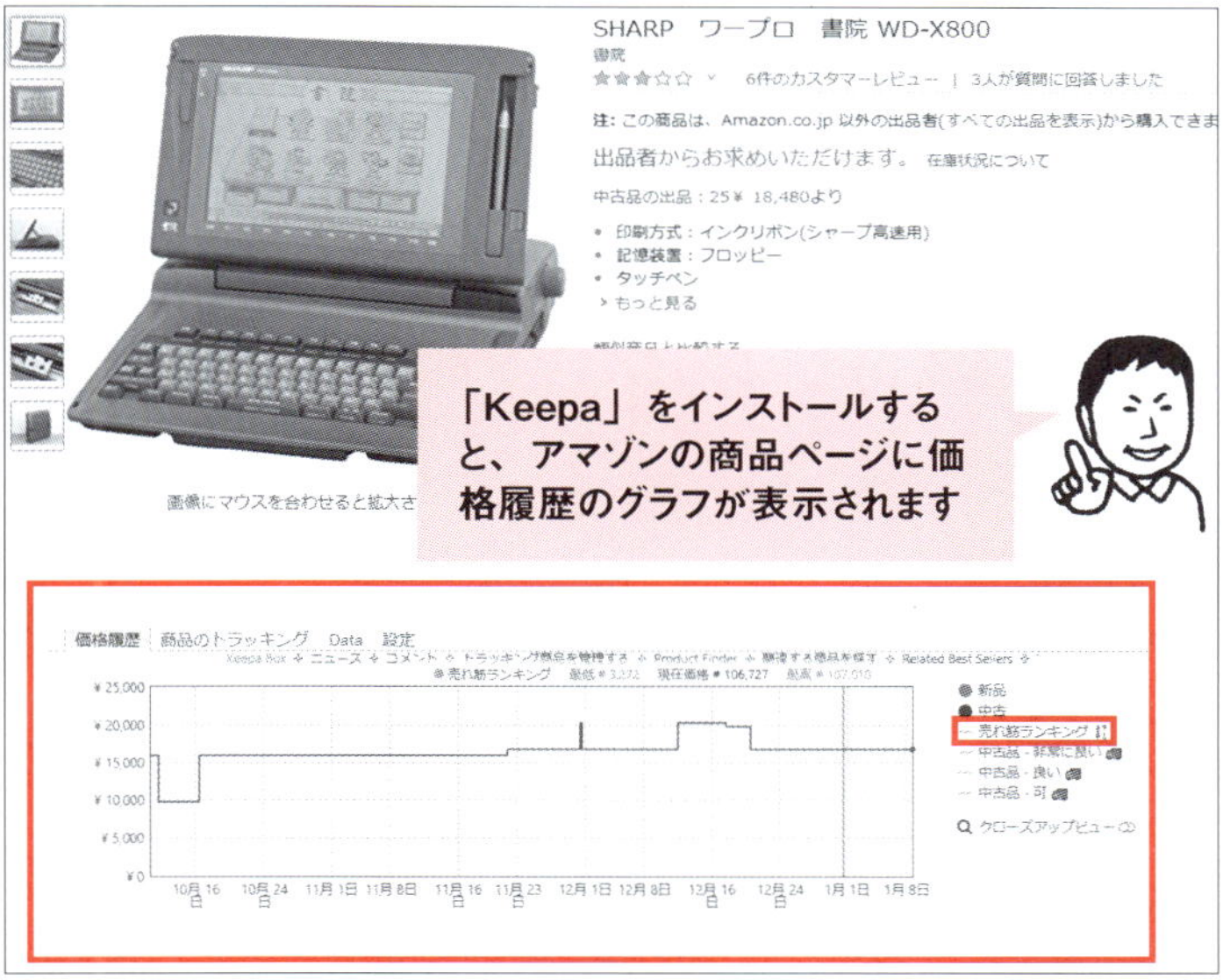

「売れ筋ランキング」の頭の「ー」をクリックするとランキングのグラフが出る。ランキングが急激に下がっているとき（一番下が1位）が売れている時期

Keepaの価格履歴

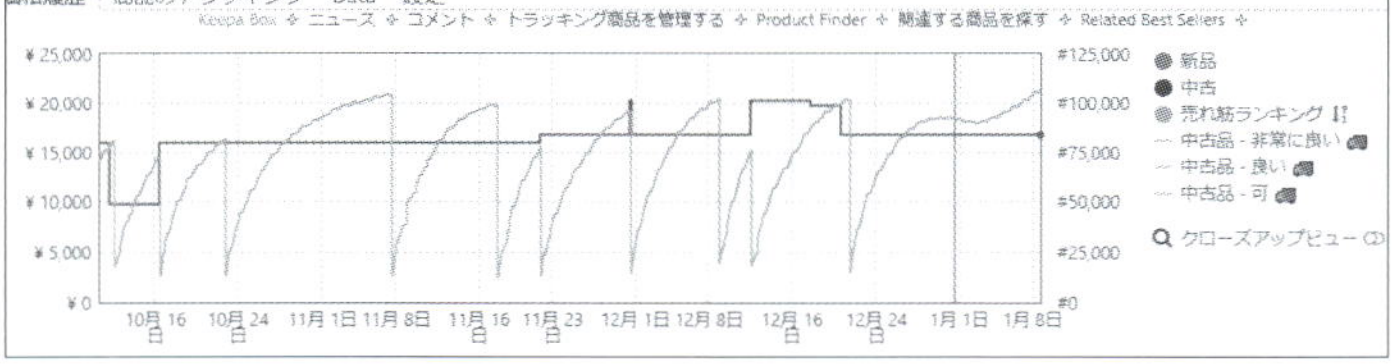

黒川

「たとえば、ヤフオクで〝家電、AV、カメラ〟のカテゴリーを見るとします。ここで探すのは比較的入札の競争が少ない、マイナーなモノです。

そこでカメラやビデオカメラ本体を見るのではなく、〝アクセサリ〟などの周辺機器を見ていきます」

中村

「うわーっ、カメラのアクセサリなんか14万件以上も出品されていますよ！」

黒川

「全部は見ませんよ。さらに絞り込んで〝その他〟のカテゴリーを見ていきましょう。丹念に商品一覧を見ていくと、『なんや、コレッ？』っていうモノが見つかります。また、**見るのは開催中のオークションではなく『落札相場』**のほうです」

中村

「『落札相場を調べる』から、リサーチするんですね？」

黒川

「そうです。わかりやすい例を挙げてみましょう。

ヤフオクで、〝事務・店舗〟を検索しましょう。さらに関連カテゴリーで〝店舗用品〟から〝レジスタ〟へ行きます。店舗用品もレジスタも、電脳せどりをやって

》ヤフオクでカメラ用アクセサリ(WP-DC54)を検索した例

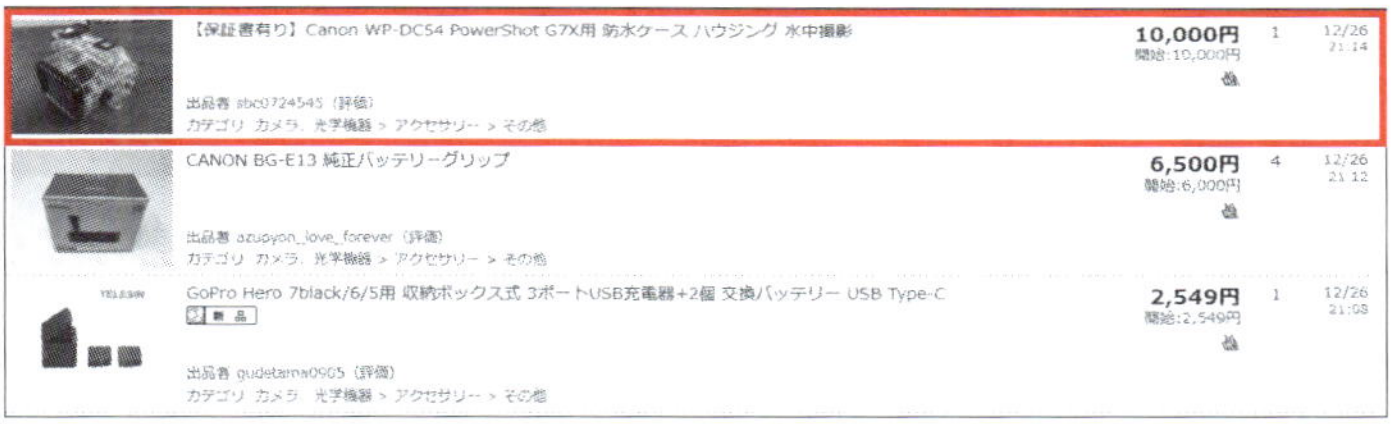

キヤノンの「WP-DC54」というデジカメの防水ケースが1万円で落札されているのを発見！　これはいいお値段

アマゾンのKeepa画面

アマゾンでは中古品が2万8000円で売れていたことも。ヤフオクの落札相場は1万円から

ランキングが上がって（グラフが下がって）いたときに中古品が2万8000円

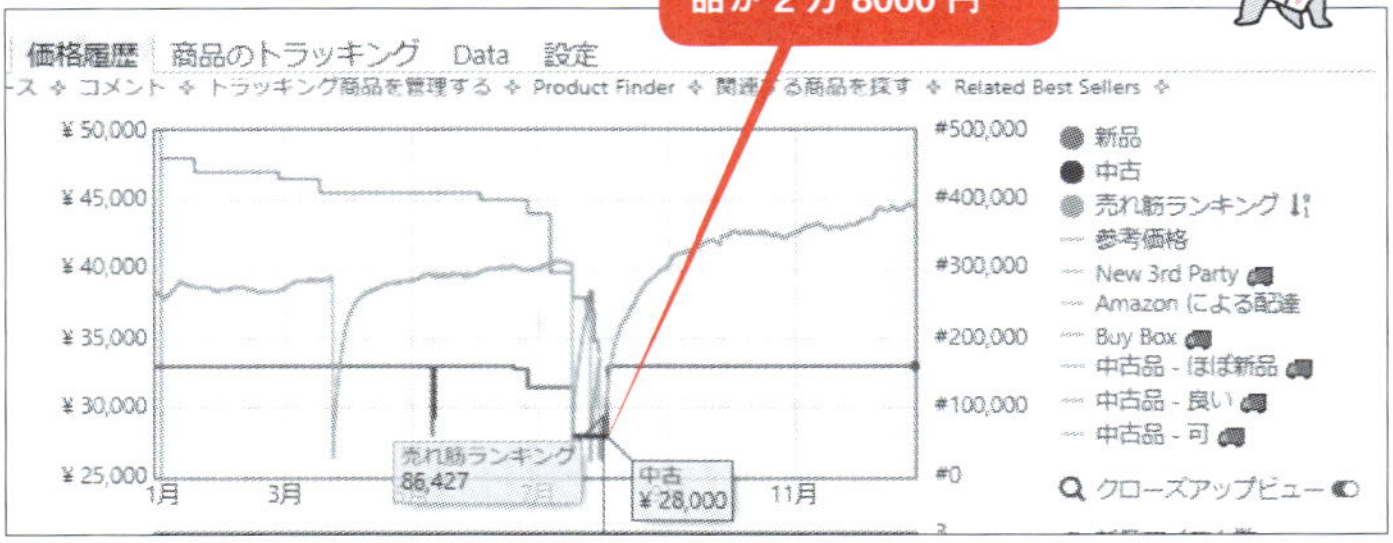

いる人でもあまり見ないカテゴリーだと思いませんか？」

中村

「カシオ計算機の『ＴＥ－３４０』があるんですけど、コレってどうですか？　アマゾンに飛んで見ると、中古品が１万５７００円で出品されてますよ」

黒川

「では、Ｋｅｅｐａで販売履歴を見てみましょう。実際に１万５７００円で販売された履歴があります。ヤフオクでは、７０００〜８０００円で落札されていることもあり、まあまあオイシイ商品です」

中村

「同じくカシオ計算機の『ＴＥ－４００』なんてどうですか？　ヤフオクで新品が２万３０００円ぐらいで出品されていますよ」

黒川

「う〜ん。これはあんまりオイシイ商品ではないかな。どうやら現行品のようだから、入手しやすいでしょ。あまり利益が出ませんね」

中村

「そっかー。さっき、廃番品は高く売れるという話でしたが、それを見つける方法

ヤフオクでレジスタ(TE-340)を検索した例

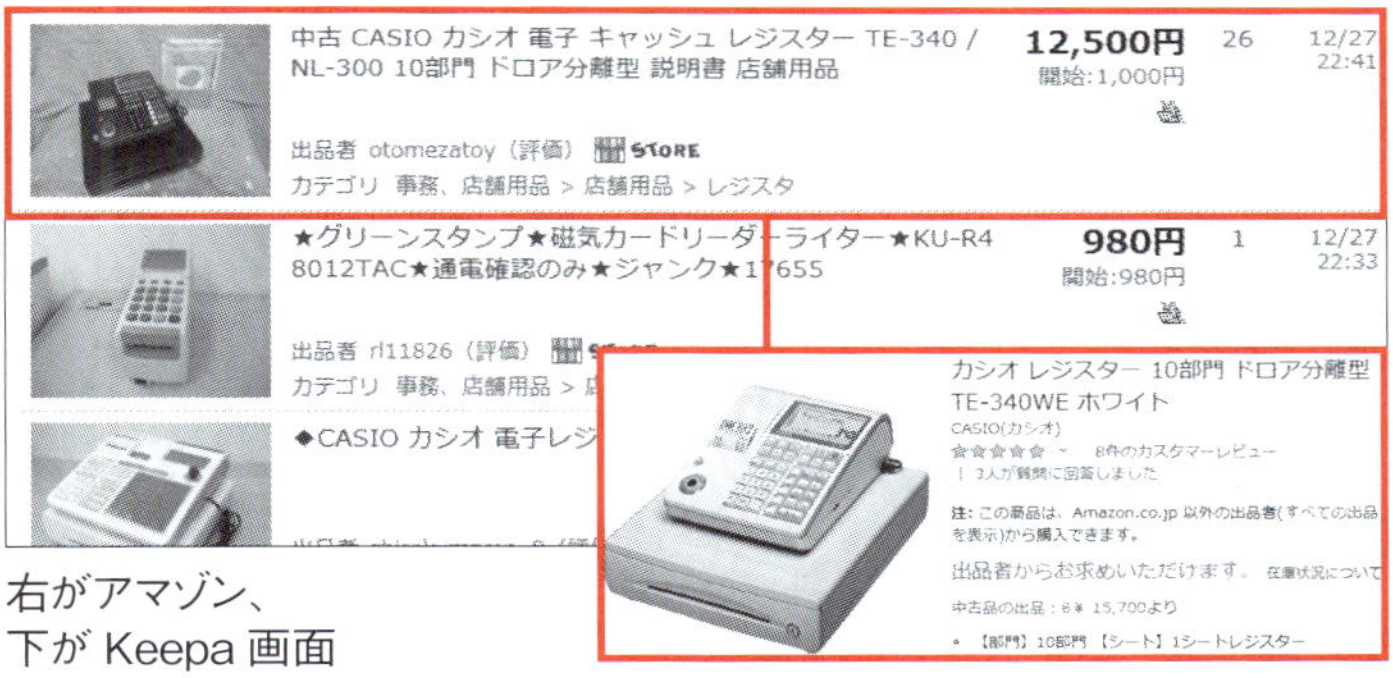

右がアマゾン、
下が Keepa 画面

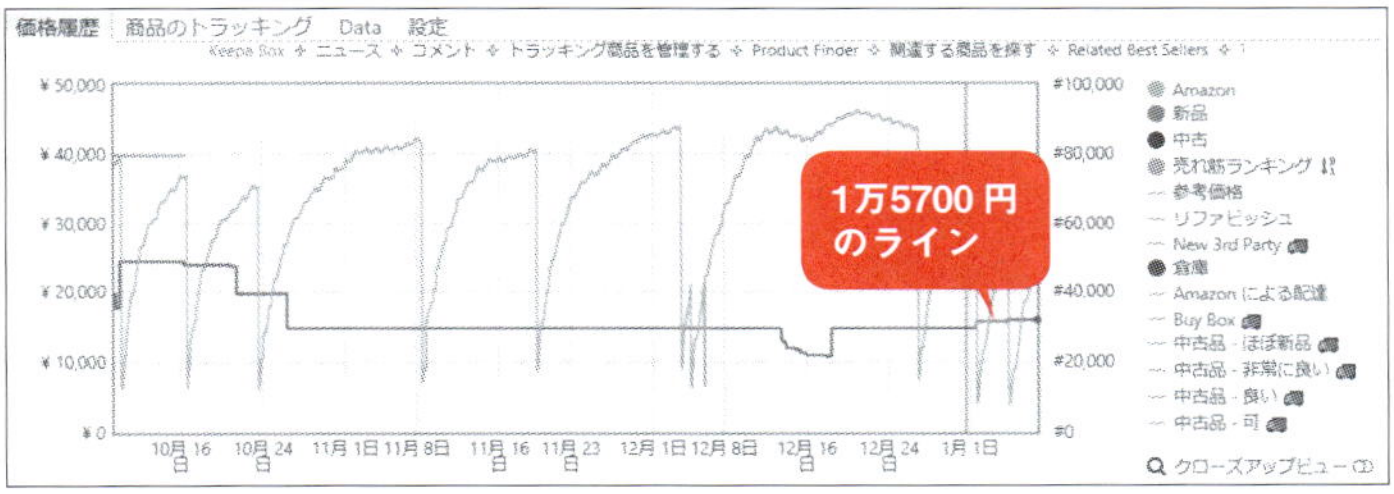

ヤフオクの落札相場

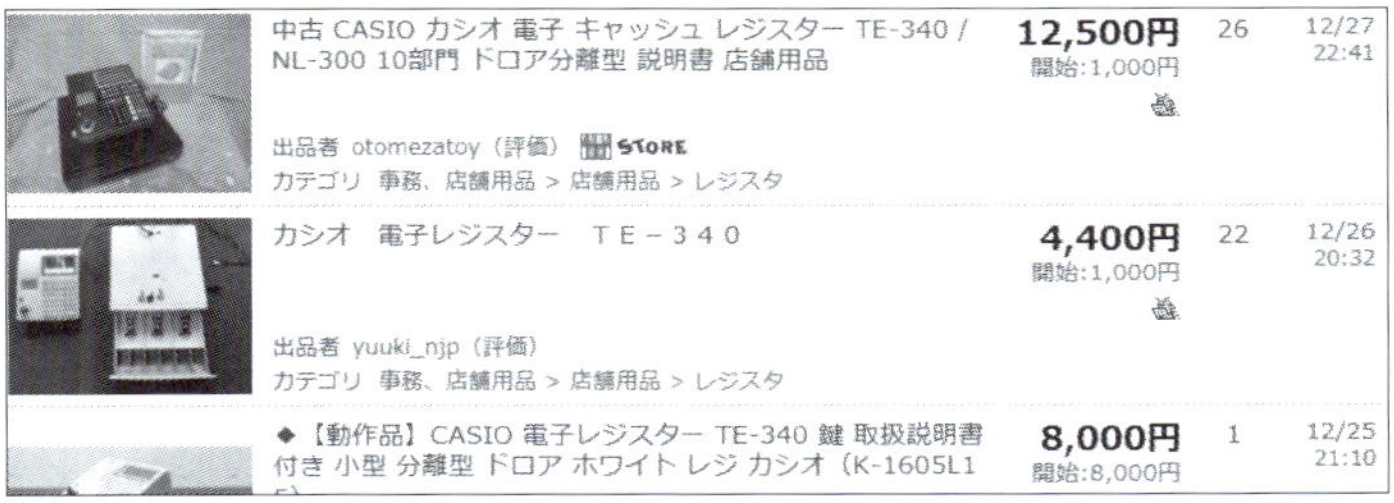

はありますか？」

黒川

「簡単な見分け方は、**調べた商品がアマゾン本体から出品されていれば、現行品**です。それに**新品の出品者数が多いモノも現行品**ですね。

そうそう。**ヤフオクから仕入れた商品をアマゾンで新品として出品するには、アマゾンの規約上難しい**ものがあるんですよ。それに、ヤフオクで個人が出品しているものは保証が終わっていたりしますし、それを新品で出すのはダメですよね」

中村

「そうかあ、コレという商品を見つけるのは、なかなか難しいですね」

黒川

「う〜ん（とパソコンで検索）、こっちの商品、カーナビの『ＣＮ－ＭＣ02Ｄ』なんていいんじゃないかな。アマゾンで中古品が２万４０００円。ヤフオクでは５０００〜１万５０００円で落札できそうだよ」

中村

「黒川さん、リサーチが早い！（パソコンで検索しながら）グーグルの検索で、アマゾンの廃番品を見つけられませんかね？　アマゾンの商品のなかには〝この商

アマゾンでカーナビ(CN-MC02D)を検索した例

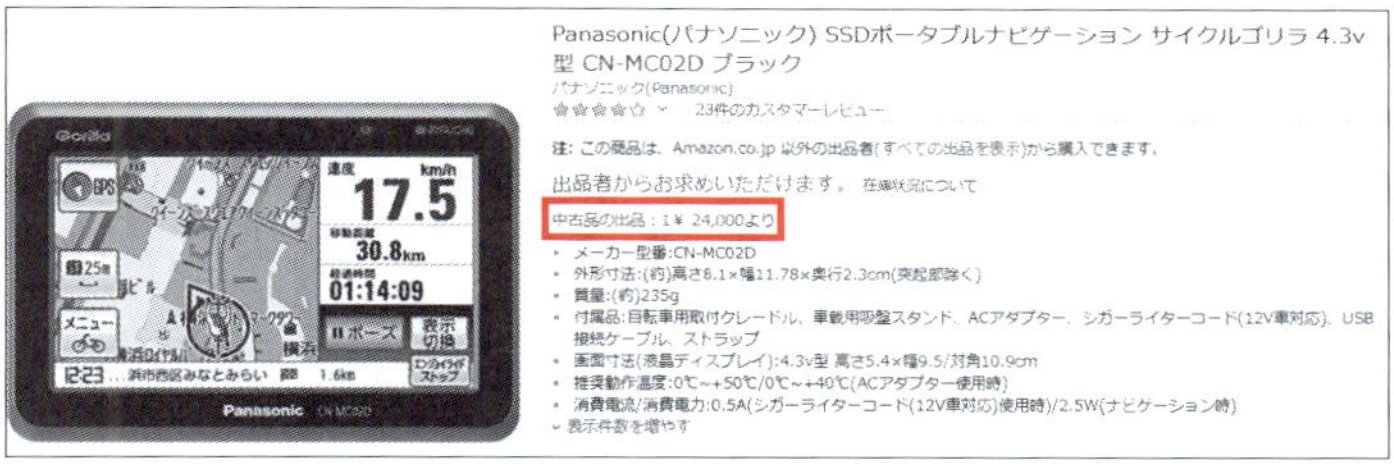

Keepaの価格推移グラフ

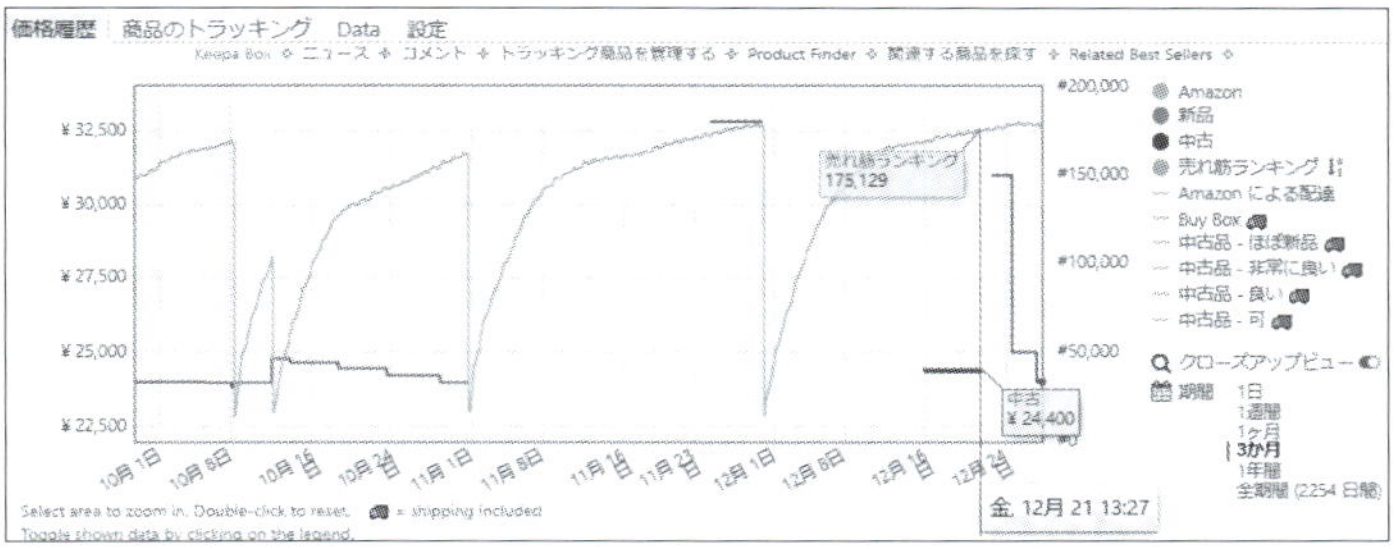

ヤフオクの落札相場

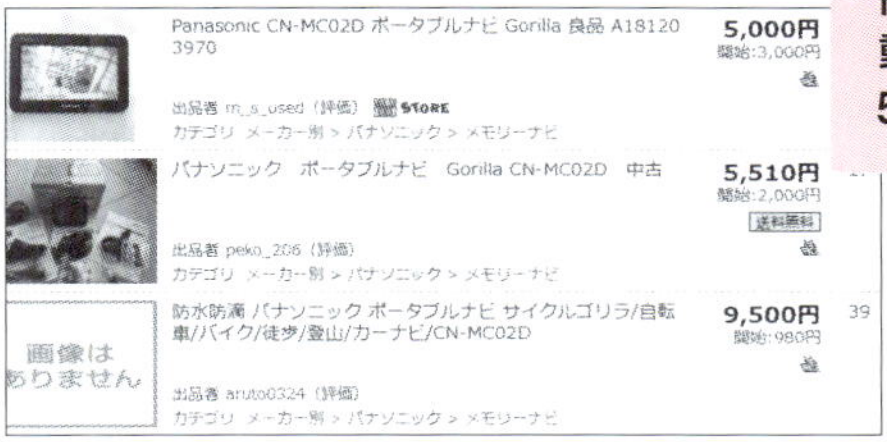

アマゾンでは 2 万 4000 円で出品。ヤフオクでは動作品が 5000 ～ 1 万 5000 円で落札されてる

品は現在お取り扱いできません〟と表示されるモノ、在庫切れの商品がありますよね。このワードで検索したらいっぱい見つかりませんかね」

黒川

「確かに、在庫切れは、廃番品であることが多いですからね。使える方法ではあります。ただ、気をつけてほしいのは、廃番品だからといって、高く売れるわけではないこと。もともとの価格がある程度は高くて、廃番になっても高く売れるモノを探すようにしないとね」

中村

「廃番になっても高く売れそうなモノって、たとえば何ですか？」

黒川

「先ほど言ったワープロ、それにプロジェクター、レジスターとか。もともとの価格が高い商品群のワードで検索するといいですよ」

まずは毎日、仕入れ商品をリサーチしてリストを作成

中村

「ゲームとかマニア向け商品はどうですか？」

黒川

「うーん。ゲームもいいんですけど、ヤフオクで探すとなると、利益が出るものは見つけづらいですね。

オススメは、電気で動く商品です。高いものが多いので、売るときの単価も高く、利益率も高いモノが多いですから。それに、商品に型番があるから、商品の特定がしやすいですし」

中村

「高値で売れる廃番品を安く仕入れる。でも、まず商品探しが難しいなあ……」

黒川

「確かに、始めた頃はやってみても見つからないことのほうが多いですね。でも**リサーチして数をこなしていくうちに目が慣れてきて、見なくていい商品がわかってきます。**これ相場観みたいなものですよ」

中村

「じゃあ、目が慣れるまではリサーチを頻繁にやらないといけないんですね。そうかあ、ラクして儲かる商売なんてないんですね」

黒川

「**手間がかかって人がやらないことをやるから、儲けることができる**んです。
廃番のような希少なモノを探す。それも未使用品が見つかれば中古の10倍の値で売れることもあります。中古品は大勢の出品者がいて価格競争になってしまうこともありますが、未使用品は出品者が少ない。だから競争が少ないんです。そういうところに出品するのって、めっちゃいいでしょ！」

中村

「めっちゃいい……ですけど、やっぱり土日だけ探すんじゃダメですかあ？」

黒川

「毎日、やると慣れてきます。そしてカンも働くようになる。
少なくともリサーチのやり方を覚えるまでは、**1日1時間はヤフオクなどで商品を探し、Keepaで売れ行きを確認し、ヤフオクの落札価格を調べる**——こういうリサーチを続けてください。ひとつ、利益が出るオイシイ商品を見つけると、芋づる式にほかのオイシイ商品も見つけられますよ」

中村

「どういうことですか？」

黒川

「さっき（138ページ）、カーナビ『CN－MC02D』を見つけたでしょう。
アマゾンの商品名のなかに『SSDポータブル』というワードがありましたね。今度は、これをキーワードにヤフオク（落札相場を調べる）で検索してみるのです。ただ、同じ商品（CN－MC02D関連）ばかりがヒットしてしまうので、試しにカテゴリーを〝家電、AV、カメラ〟に絞ってみると、『アトモス Ninjya2』という商品が見つかりました。これは、映像の外部記録機器です。
次にアマゾンで検索して、Keepaで価格履歴を見ると、中古品が5万円で売れています。再びヤフオクで、商品の落札相場を調べると、2万5500円から落札しています」

中村

「いいですねー！　倍近い値段で売れるんですね」

黒川

「ヤフオクでひとつのオイシイ商品を見つけたら、今度は、アマゾンでの商品名や関連キーワードをヒントに、再度ヤフオク検索をして、まったく別の商品を見つけていくのです。
つまり、**ひとつのオイシイ商品からキーワードを抽出して、ほかの商品を芋づる**

式に見つけていく。それが、比較的簡単にオイシイ商品を見つけるコツです！

それに、そういう商品は、必ずといってもいいほどヤフオクに何度も出品されます。**仕入れは、自動入札ソフト『BidMachine』**の定期チェックに任せて、**商品の型番などを登録しておけば、自動的にヤフオクに新たな出品がないか探しだしてくれます**」

中村

「なるほど！　それじゃあ、オイシイ商品を見つけたら、それをリスト化してBidMachineに登録しておくといいですね。次々とヤフオクから探してアマゾンで売ることができるじゃないですか」

黒川

「そうです。それから、**ヤフオクで落札する際は、商品の詳細を読んで、必ず動作確認されているモノを選んで**くださいね。基本、アマゾンでは購入者がすぐに使える状態の商品しか売れませんから」

中村

「アマゾンに動かない商品を出品しちゃったらクレームの対象ですね」

》オイシイ商品を芋づる式に発見する「キーワード検索」

「SSDポータブル」をキーワードに、ヤフオク（落札相場を調べる）で検索する

ヤフオクの落札相場の一覧

カテゴリーを"家電、AV、カメラ"に絞ってみた結果、「アトモスNinja」を見つける。落札価格が高いし、「なんや、コレ?」で気になる商品……

アマゾンで「アトモスNinja」を検索すると

「アトモスNinjya2」を見つける。しかも中古の出品で6万5000円。Keepaの価格履歴によると、6万5000円で購入履歴あり。今度は、ヤフオクの落札相場を調べると2万5000円で落札されたことも……これはオイシイ商品かも!?

黒川

「あと、オススメしたいのは、**出品代行業者の利用**です。私は**『せどロジ』**という業者を利用しています。ヤフオクで落札したら、商品をこの業者に直送します。すると業者では梱包してアマゾンに送り、出品手続きもしてくれる」

中村

「アマゾンでは**FBA**（96ページ参照）を利用すれば、出荷作業は何もしなくていいんですね！」

黒川

「そうです。出品代行業者とFBAを使うことで、出品や出荷時間を、商品リサーチにあてられます」

中村

「アマゾンで売れなかった場合は、どうするんですか？」

黒川

「また、ヤフオクに戻すだけです。**ヤフオクに出品すれば、だいたい買った値段で売れますよ。手数料分は損してもゼロにはなりません**」

中村

「アマゾンで売れなくて失敗したと思っても、損失の少ないビジネスなんですね」

黒川

「そうです。それに、**利益率が高い物販は、最初の投資額を複利で増やしていける**んです。それも2ヵ月ぐらいで利益が出ます。

たとえば、仕入れ資金が10万円で2倍の売り上げがあったとして20万円。すると利益率がだいたい30%で利益が6万円。

仕入れ資金の10万円と利益の6万円を足して、計16万円を仕入れに回します。また、2倍の32万円の売り上げがあると、30%の利益率で利益は9万6000円。19万6000円をまた仕入れに使って2倍の売り上げがあって……というふうにどんどん増やしていけるんです」

中村

「ローリスクでハイリターンですね! さっそく、商品リサーチしてリスト作成からやってみます!」

黒川

「ここで紹介したやり方だと、利益率が高い商品を見つけやすくなります。なので、複利で増やしていけるんです。そして、最初に資金を入れたら、もうそれ以上、投資する必要がない。それが、私が教えている『物販』の魅力です!」

黒川喜寛プロフィール

１９７６年、奈良県出身。同志社大学大学院電気工学専攻修了。２００２年、電機メーカーに入社。２００８年、副業として始めたサイトアフィリエイトで月収30万円を達成したが、半月後、グーグルの検索順位の仕様変更により０円に転落。アフィリエイトはあきらめる。２０１３年、古本せどりで月商１００万円、２０１４年12月には新品店舗せどりで月商７００万円、利益１４０万円に達し、これを機に退社。２０１５年から電脳せどりを開始し、月商３００万～４００万円、利益率40％を上げている。

中村くんコメント「コレが売れるの⁉　おもしろい世界」

黒川さんは自信に満ちた話し方をします。実体験じたいが成功体験だし、今も毎日リサーチを続けているから、話が具体的で実践的。そのうえ説得力があります。黒川さんの話のとおり、コツコツ愚直にやっていけば自分も稼げると思いました。

黒川さんは実際に、ヤフオクとアマゾンを使ってリサーチのやり方を見せてくれましたが、さすがに慣れているから速い！

ボクも、家に帰ってから同じようにリサーチしてみました。

見ているのと自分が実際にやるのではまったく違います。

黒川さんがやっているようにスピーディにはできません。確かに、毎日この作業をして慣れることが大事だし、**毎日調べて、数をこなしていかないと、どんなモノがレアなのか、わかるようにならない**と思います。ボクも、何日かリサーチをしているうちに、ヤフオクのどのカテゴリーを見ればいいのかなんとなくわかってきた気がします。

リストを作ることが大事だし、かなり時間と労力もかかります。

正直に言うと途中でイヤになりかけました……。実際、ここで投げ出しちゃう人も多いんだろうな。でも、そこをガマンして続けるとリサーチが少しおもしろくもなってきました。

それは、**ヤフオクやアマゾンには「なんでこんなモノが売れているの？」というような変わった商品**があるからです。水道の蛇口、8㎜フィルムの編集機器とか、いろいろなモノがあります。ですから、丹念に調べていけばきっとレアで高く売れそうな商品が見つかるはずだと確信できました。

リサーチを毎日、続けていこうと思います。

カメ丸からのアドバイス

商品の仕入れ先としてヤフオク以外にメルカリを利用することもできます。メルカリでは激安商品やレアモノが出品されたら、売り切れる前にいち早くゲットする必要があります。そこで出品があったら通知してくれるフリマウォッチ(https://www.furimawatch.net/) をダウンロードして利用すると便利です。

まとめ

- **せどりとは、高く買ってくれる人がいるところに商品を移して売る。転売のこと**
- **少額資金から始められ、仕入れから利益を得るまでのスピードが速い**
- **初期投資を複利で増やしていける**
- **本せどり、店舗せどりもあるが、パソコンがあればすぐできるのが電脳せどり**
- **ヤフオク（現在のオークションではなく「落札相場を調べる」）で商品を検索する。しかも、店舗用品やプロ仕様、廃番品など「なんや、コレッ？」な**

商品を見つける

●「なんや、コレッ?」な商品を見つけたら、アマゾンで検索。「Keepa」の価格履歴(「詳細に表示する」機能を使って販売個数も)で販売価格を調べる

●アマゾンで売れているのを確認したら、ヤフオクの落札相場を調べて、利益が出るか計算する。利ザヤを稼げそうなら落札する

●ヤフオクの落札では自動入札ソフト「BidMachine」を利用する

●ヤフオクの落札では動作確認されている商品を落札する

●アマゾンで高く売れるのは廃番品、電気で動く商品

●利益が出る商品があれば、商品リストにまとめて、ヤフオクの出品を待つ

●手間がかかって、人がやらないところに儲けがある……が、「キーワード検索」を駆使して、オイシイ商品を芋づる式に見つけていく

●リサーチは毎日続けること。すると作業に慣れて、カンが働くようにもなる

●売れなかった商品は再びヤフオクに出品すれば仕入れた価格とほぼ同額で売れる

オマケ情報

BidMachine
http://lafl.jp/bidmachine

Keepa
https://keepa.com/

せどロジ
http://sedo-logi.com/lp/sedologi/top.html

クチコミ情報

「せどりをビジネスにしている人は〝せどらー〟と呼ばれています。バーコードリーダーを使ってせどり商品を仕入れるのを〝ビームせどり〟っていうんですよ」
▶星さん

「ブックオフでは〝ビームせどり〟禁止の店がかなりあります。禁止の張り紙があったらやめましょう。スタッフに注意されてもやめないなど悪質なせどり行為で出禁になることもあります」
▶大ちゃん

STEP 3

30万を元手に「FX」で月10万円を稼ぐ！

The teacher

FX
野田しょうごさん

FX

チャート分析を駆使して値動きの大枠をとらえて稼ぐ

気軽さ ★★☆☆☆（星5点満点）
初期費用 30万円、パソコン（2万〜3万円台でOK）
向いているタイプ 何かを追求できる人、柔軟な発想ができる人、反省できる人
不向き 頭の固い人、1日10〜20分の時間が取れない人

実際のトレードを行う前に、投資のシビアさを感じ取れ！

中村くんから「30万円を元手にFXを始めようと思います！」というLINEメッセージが届きました。

FXは「Ｆｏｒｅｉｇｎ　Ｅｘｃｈａｎｇｅ」の略で、外国為替証拠金取引のことをいい、2つの国の通貨を売買して、交換レートの差額で利益を上げる投資法で

す。取引できる通貨は日本円と米ドル、日本円と英ポンドなど日本円と他国、あるいは、ドルとユーロ、英ポンドと米ドルなど日本円が介入しない取引もあります。

ＦＸでは「買い」と「売り」、両方のトレードができます。

たとえば米ドルと日本円の取引で、１米ドル＝１１３円として説明しましょう。「買い」は、１米ドル＝１１３円のときにドルを買い、それが１１４円になったときに売って１円の利益を得るトレードです。

「売り」は、「売ってから買い戻す取引」で、実際には保有していない米ドルを１１３円で売り、１１２円になったとき、買い戻し１円の利益を得るトレードです。

ＦＸのトレードでは、「レバレッジ」がかけられます。レバレッジとは、日本語に訳せば「てこ」。てこは小さな力で大きなモノを動かせます。

ＦＸにおけるレバレッジとは、少ない資金で大金を動かせるという意味です。つまり、ＦＸ会社に資金を証拠金として預け、**レバレッジをかければ預けた資金以上の取引ができる**ということです。その倍率はＦＸ会社によって異なりますが、**国内のＦＸ会社では最大25倍まで。**10万円の元手なら最高２５０万円の取引ができるのです。

中村くんは、初めて会ったときにもＦＸで稼ぎたいと言っていました。あのときは投資の経験どころか、副業で稼いだこともないのにいきなり、ＦＸで儲けようなんて言うので、甘い考えは捨てろと諭し、ライトな副業をすすめたのでした。

その後、さまざまな副業を経験して、給与以外にお金を稼ぐ大変さや、努力しなければそれに見合う報酬を得られないことが身にしみてわかったはずです。

きっと最初の甘い考えを反省して、ＦＸについてきちんと勉強したに違いないと思いました。

ところが、ボクのほうが、考えが甘かったようです。

どんな本を読んだのかと聞くと——。

「入門書を読んでネットで調べてチャートの読み方とかがわかったんで、ＦＸ口座を開いて10万円を入金する予定」とメッセージが返ってきました。

そして「レバレッジ25倍なら２５０万円の買いポジ。１ドル１００円で計算すると1円の円安なら2万５０００円の利益！」&パンダのスタンプ。

ダメだ。脳内お花畑じゃないか！

「1円円高なら2万５０００円の損だよ！　リスク管理できる？」と返信するも、既読スルーです……。

投資のシビアさがわかっていないなら、ケガをして思い知るのもアリかなと思い、そのままにしておきました。

……とはいえ、心配です。

実際のトレードを行う前にシビアさをちゃんと教えておいたほうがいいでしょう。厳しいアドバイスに関しては最適な人がいます。

野田《のだ》しょうごさんです。

野田さんは、**安定して月300万〜500万円の利益**をあげています。凄腕のFXトレーダーですが、**過去に3000万円ものロス**を抱えたこともあり、**敗因を徹底的に分析して回復**したという壮絶な体験の持ち主です。

ですから、FXのシビアさや勝つためには何が必要なのかを身をもって理解しています。中村くんの甘い考えを瞬殺してくれるはずです。

そんなことを考えていると「反省しました」とLINE。ウサギがうなだれているスタンプ付きです。憎めないというか……愛すべきキャラというべきか……。

「FXについてアドバイスしてくれる人がいるから」と言って、後日、彼をオフィスに呼び出しました。

野田さんにはセミナー後、時間をもらいました。

資金３００万円で月１００万円の利益を出しているという生徒の話をしていると中村くんがやってきたのです。

「1＋1＝2」以外に「2」を作る柔軟な発想

野田「稼いでいる人と稼げない人とでは、どこが違うと思いますか？」

中村「株式投資の経験があるかないか？　それとも初期費用が多い人が稼げるとか？」

野田「関係ないです！　確かに株式投資の経験がある人は、チャートを見るのに理解しやすいという面はあります。しかし、未経験者でも稼げる人は稼いでいます」

中村「じゃあ、なんだろう？　性格かな？」

野田「まず、柔軟な発想ができること！」

中村
「柔軟な発想ですかあ？」

野田
「じゃあ、**数式を使って2を作ってください**」

中村
「えっと、『1＋1』です」

野田
「ほかには？」

中村
「えっ!?　『1＋1＝2』で正解でしょ？」

野田
「だって『2＋0』でも、『2−0』でも、『2÷1』でもいいし、『2×1』でもいいでしょ？　正解はひとつじゃないですよね。投資の世界もそうなんです。ボクの生徒は200人ぐらいいますが、そのなかでも根本的な考え方やテクニックを知ったうえで、さらにプラスαを取り入れられる人が強いんです」

中村
「柔軟な発想ができるということですか？」

野田

「そうです。この人は『1＋1』で2を作ってるけど、自分は『1×2』で『2』を作ろうっていう発想ができる人ですね。ずっと『1＋1』しかできない人は弱いですね」

中村

「なんでですか？」

野田

「『1＋1』しかできない人は、投資で失敗すると〝これでダメだ〟で終わってしまう。だって『2＋0』という発想ができないから、ほかの方法を模索できないんです。投資とかトレードは、**ひとつの正解を求めるのではなく、柔軟な発想ができることが大事**なんです」

中村

「その点は大丈夫だと思います！　ボクは勤務先がイベントの企画会社なんで、数百万円の資金を渡されて人材や場所確保まで全部一人でやって、イベント開催まで漕ぎつけたこともあります。だから、自分で言うのもヘンですが、発想力は少しはあるような気がします。

急に『1＋1』以外を考えろと言われても無理ですが、少しずつ、発想力を伸ばしていこうと思います。それほど頭の固い人間じゃないし……」

野田
「言われた仕事だけをやって、給与がもらえる世界とは違うことを自覚してください！　投資の世界は『2』の労働をしたからといって、それに見合う対価が必ずしも得られるわけではありません。ヘタをすればマイナスになる。
中村くん、あなたが足を踏み入れようとしている世界は、会社勤めの世界とはまったく違うんです。ですから、違う世界の考え方が必要なんです」

中村
「違う世界って？」

FXは狩猟の世界、いきなりライオンに殺されることも……

野田
「中村くん、君は、食糧を得るために狩りに行って、ウサギを殺せますか？」

中村
「ええ――ッ!?　そんなかわいそうな……。第一、FXと狩りとなんの関係もないじゃないですか?」

野田

「自分で稼ぐということ、**トレードの世界は狩猟世界に近い**んです。
サラリーマンはどちらかといえば農耕の世界なんです。タネを撒いて、育てて、天候などのリスク管理は必要ですが、自分が殺されることはまずありません。
でも、狩猟の世界はいきなりライオンが出てきて殺されてしまうこともある。そんなときには逃げなきゃいけない。その代わり、小動物を狩る。
ですから、まずウサギクラスが倒せるようになることが大切なんです」

中村

「ウサギクラスを倒すって……。要は、会社勤めとは世界が違うことを自覚しなきゃいけない?」

野田

「そうです。それに、バイト感覚でもダメです。
君は農耕の世界から、殺されるかもしれない狩猟の世界に来るんです。それを理解しなさいということです」

中村

「株式投資もやったことがないボクが、いきなりFXを始めるのは無理でしょうか？」

野田

「さっきも言いましたが、投資経験は関係ありません。経験のあるなしではなく、**FXの世界に対する考え方を知って、これから足を踏み入れる世界にふさわしいマインドを身につけることが大事**なんです。それをないがしろにすると稼げません。それどころか、ライオンに殺されます」

資金30万円、レバレッジ10倍、ドル円やユーロ円でスタート

中村

「あのぅ……、株式投資よりFXのほうが、投資初心者にはやりやすいって聞いたことがあるんですが、どうなんでしょう？」

野田

「株式では東証一部に上場している企業だけでも2000社以上あります。このなかから投資する企業を選ばなくてはいけません。

FXでは取引可能な通貨は約20種類ありますが、メジャーな通貨は米ドル、ユー

ロ、英ポンド、豪ドルなど10種類ほど」

中村

「FXでは、日本円と米ドル、日本円と英ポンドなど異なった2つの通貨を組み合わせて（ペア）取引を行うんですよね？」

野田

「そうです。ですから、どのペアで取引するかを考える際、**2000社のなかから1社を選ぶ株式投資より、悩みが少ない**と言えます。**初心者なら、乱高下の少ないドル円かユーロ円のペア**で始めたらどうでしょう？」

中村

「資金ですが、10万円で始めたいんですが？」

野田

「できれば30万円ぐらいは欲しいところです」

中村

「でも、10万円で最大25倍のレバレッジをかければ、250万円の取引ができますよ！」

野田

「**ＦＸで負けてしまう人の多くは、リスク管理ができていない人**です。25倍の取引をすれば損出も拡大します。最悪の場合、ＦＸ市場からの〝退場〟にまで追い込まれます。リスクを考えると、初心者だったら3〜5倍を超えないようにスタートしてください。

ただし、元手は10万円ではなく、30万円にして3倍の売買ができれば、利益も3倍になります」

ＦＸのトレードではチャートだけを見ればいい

中村

「ノウハウ書には、『売買はチャートを読め』ってあったんですが、各国の景気とかファンダメンタルズは関係ないんですか？」

野田

「世界情勢や政治的要因、各国の経済状況なんて、見てないですね。為替レートが上がっても下がっても、その理由は考えなくてもいいと思います。

ダウ理論を知ってますか？」

中村

「ええっと、ダウ平均株価なら聞いたことがあります」

野田

「ダウ平均株価は、アメリカの株価の動向を示す指標ですが、それを算出しているダウ・ジョーンズ社の創立者がチャールズ・ダウという経済ジャーナリストです。

ダウ理論は彼が提唱した相場の法則性で、現在のテクニカル分析の基礎になっています。そのひとつが〝平均はすべての事象を織り込む〟という理論です。

これは政治・経済だけでなく、災害など予想不可能なモノも、**すべての情報を値動きは織り込んでいる、だからチャートだけ見ればいい**と解釈できます」

中村

「へえ、難しい景気や市況なんかは考えないで、チャートだけを見ればいいんだ」

野田

「**FXは、1日の取引高が630兆円ともいわれる巨大なマーケット**です。ということは売買するプレーヤーが膨大にいるということです。

彼らは、経済状況の変化に応じてFXの売買を行っています。ですから、**経済のさまざまな動向は為替レートの値動きに反映されている**のです」

中村

「その値動きを示したモノがチャートってことですか」

野田

「そうです。それに、市場参加者が多いので、彼らの心理状態も値動きに大きな影響を及ぼします。

過去の値動きを見て、多くの投資家が**〝上がり過ぎだから、そろそろ下がる頃〟と思って売れば、実際に為替レートは下がり、反対に〝下がり過ぎだから、上がる頃。買っておこう〟と思えば上がる**のです。

チャートには、そのような心理状態も表れています」

上昇か下降か、トレンドを読んで「強いトレンド」に乗る

中村

「なるほど。**チャートは売り手、買い手の心理まで織り込んでる**んだ……。だから、チャートさえ見れば、すべてがわかるってことなんですね」

野田

「そうです。さらにダウ理論では、値動きの〝トレンド〟に着目しています。**トレ**

ンドとは、値動きの大きな方向性と考えてください。

そして、トレンドは現状の高値や安値が過去のそれより、切り上がっているか、下がっているかで決まってきます」

中村

「?? どういうことですか？」

野田

「トレンドには、３つのパターンがあります。

為替レートの高値と安値が切り上がっていれば**上昇トレンド。**

高値と安値が切り下がっていれば**下降トレンド。**

高値と安値の切り下げ、切り上げが不規則なら、上昇トレンドでも下降トレンドでもなく、**横ばいトレンド。もしくはレンジ相場**とも言います」

中村

「チャートを見て、トレンドを読むんですね」

野田

「上がった下がったと一喜一憂するのではなく、トレンドを読んで、その流れに乗って売買することが大事です。上昇トレンドのときは買い手が優勢、下降トレンド

トレンドの3つのパターン

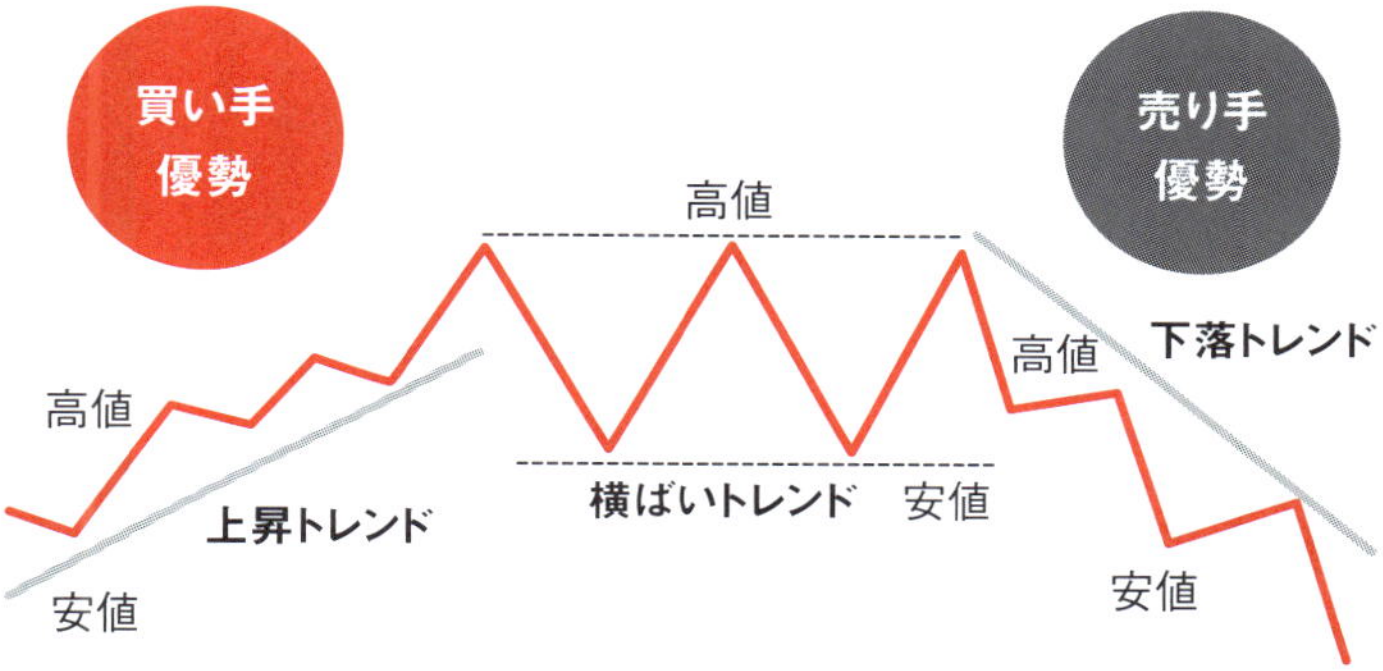

上の図は、FX チャートをわかりやすく表した模式図です。赤い線が値動きを表しています

- 高値と安値が切りあがっていれば、**上昇トレンド**
- 高値と安値が切り下がっていれば、**下降トレンド**
- 高値と安値が上がったり下がったり、上昇でも下降でもない場合は、**横ばいトレンド**

横ばいは、上がったり下がったりして一見わかりづらいね

のときは売り手が優勢、そのときどき、**トレンドの優勢なほうに乗って、売りか買いかを判断するのがＦＸで勝つ決め手**と言えます」

中村

「チャートから、今後のトレンドの方向性を予想するんですね」

野田

「予想ではなく、予測ですね」

中村

「予想と予測って、違うんですか？」

野田

「〝予想〟には〝そうなればいい〟という願望が含まれています。しかし、ＦＸは願望通りには動きません。チャートを見て、次にどう動くか、それを考えて、上がるか、下がるかをイメージする。それは〝予想〟ではなく〝予測〟なのです。

そこで、チャートですが、ローソク足の見方はわかりますか？」

中村

「いいえ、わかりません」

ローソク足の見方

陽線《ようせん》……始値より終値が高い

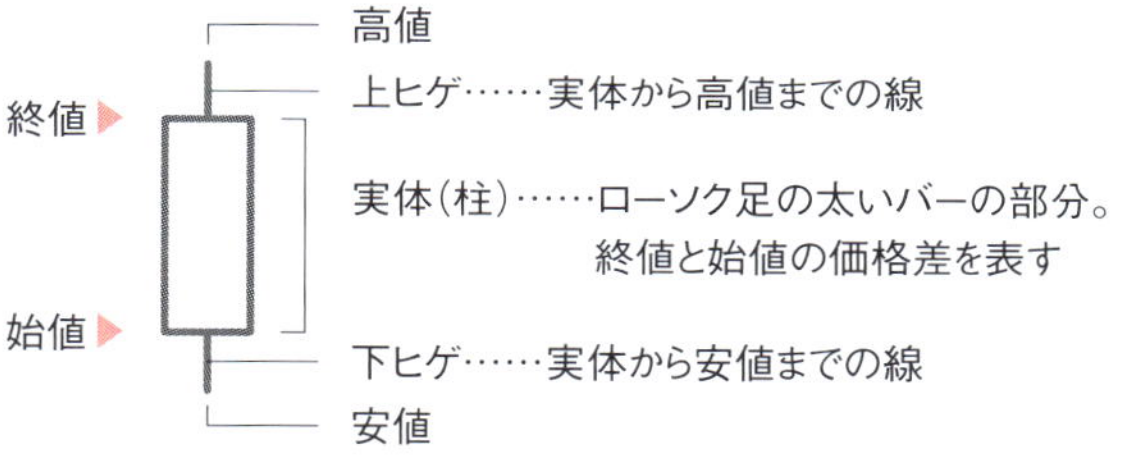

陰線《いんせん》……始値より終値が安い

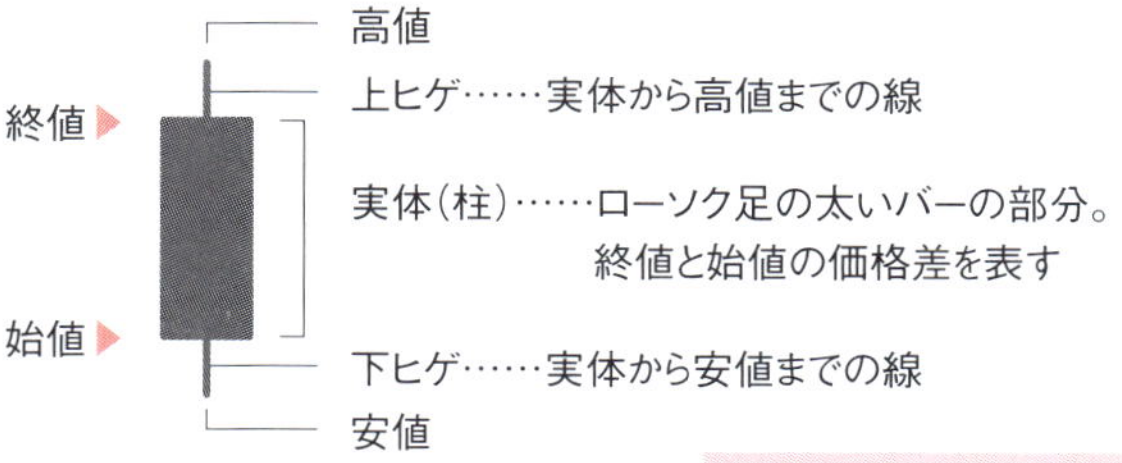

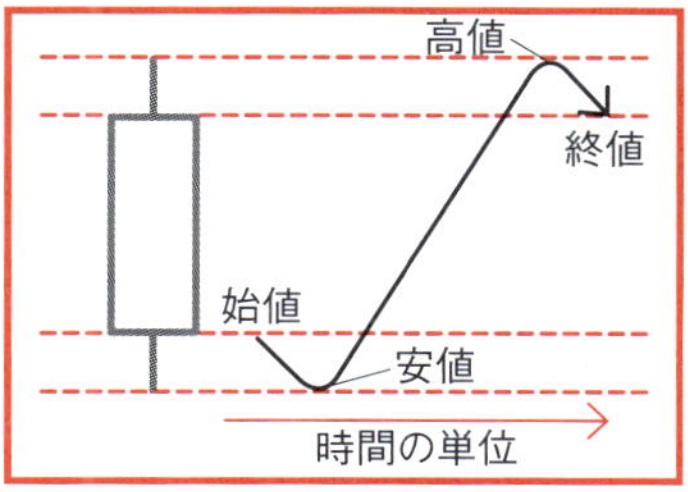

「日足」ならば1日、「分足」ならば1分単位のローソク足を表しています

野田

「ローソク足は始値《はじめね》、終値《おわりね》、高値《たかね》、安値《やすね》を示しています（171ページ図）。ある期間の最初につけたレートが始値、最後につけたレートが終値です。そして高値、安値は上ヒゲ、下ヒゲで表されます。

ちなみに、ある期間とは1ヵ月、1週間、1日、1時間、1分などで、その期間のローソク足を月足《つきあし》、週足《しゅうあし》、日足《ひあし》、時間足《じかんあし》、分足《ふんあし》などと呼びます。

このようなローソク足チャートの過去の高値や安値を結ぶラインを引き、値動きをビジュアル化して、今後の方向性を予測します」

中村

「ラインを引く？　なんですか、それ!?　教えてください！」

ラインを引いて、トレンドをビジュアル化する

野田

「ラインは、チャートの値動きに沿うように引きます。

右肩上がりの上昇トレンドでは切り上げた安値同士、下降トレンドは切り下げた高値同士を結びます。すると斜めのラインになりますね。横ばいトレンドでは高値同士、あるいは下値同士を結びます。ほぼ水平のラインになります。

ラインの引き方

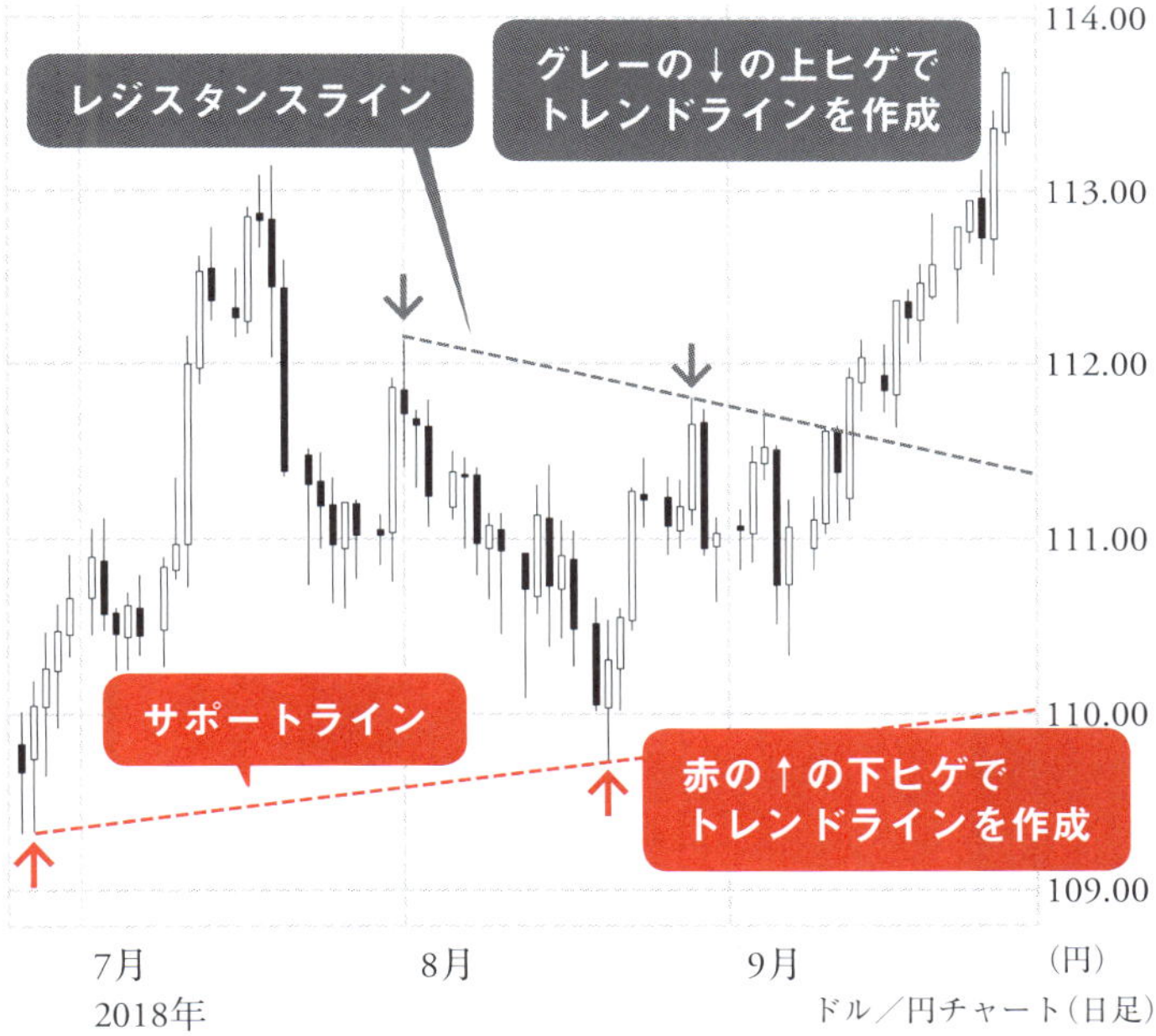

下降トレンドで、上ヒゲ同士を結んで引いた線を「レジスタンスライン」、上昇トレンドで、下ヒゲ同士を結んで引いた線を「サポートライン」といいます

これらのラインをトレンドラインと呼びます」

中村

「このラインが、売買の判断に利用できるんですか？」

野田

「上昇トレンドは、安値が切り上がっていく限りは継続し、下降トレンドなら高値が切り下がっていく限り、継続します。

しかし、**上昇トレンドでサポートラインを割り込んで下落したら、トレンドが転換した可能性が高い**と考えられます。反対に、**下降トレンドの場合、終値がレジスタンスラインの上に出たらトレンド転換**の可能性があります」

中村

「トレンドが転換したら、どうなるんですか？」

野田

「それまでのサポートラインやレジスタンスラインの意識が薄れてきて、逆の働きとして意識されやすくなります。これがトレンドラインのブレイクです」

中村

「ということはブレイクしたら、そこで売買のエントリーをすればいいんじゃない

トレンドが転換したときのチャート

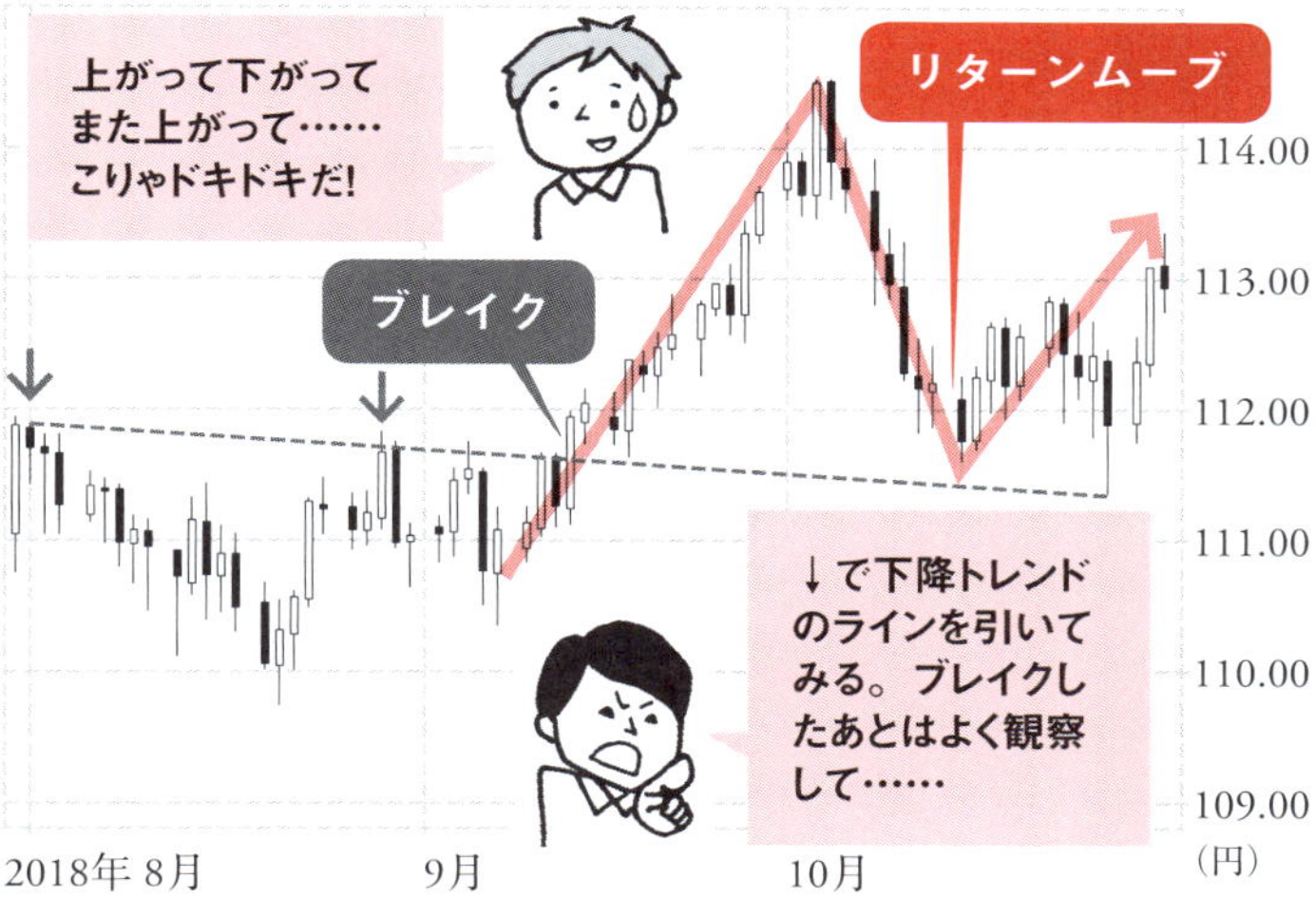

ドル／円チャート（日足）

ブレイク&リターンムーブ

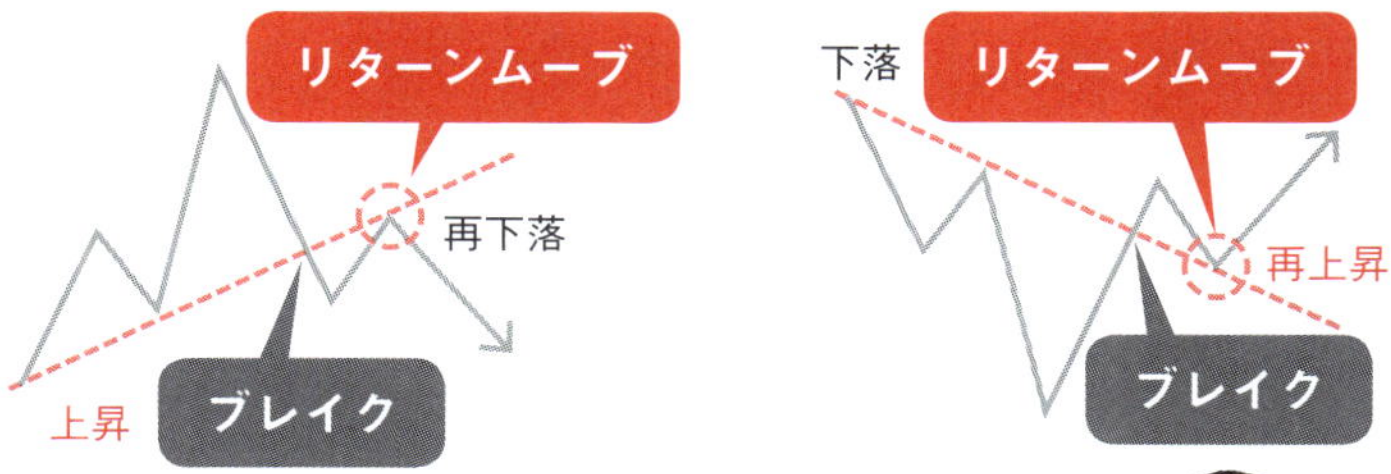

ですか？」

野田

「ところが、そんなに単純ではありません。ダマシに気をつけないと！」

中村

「ダマシ!?　そんなことがあるんですかあ？」

野田

「けっこう、多いですよ。たとえば上昇トレンドの場合、サポートラインがブレイクされたから、即、下降トレンドだと考えて売るとトレンドラインの外側で反転上昇して、再び上昇トレンドになることがあります」

中村

「ダマシかどうか、見破ることはできないのかなあ……」

野田

「そんなときにはブレイクしても慌ててエントリーしないで、次の展開を観察します。そして、いったんトレンドラインの方向に値動きが戻ったものの、ライン近辺でまた反転してしまった瞬間に売買のエントリーをします。

このような動きは**リターンムーブ**と呼びますが、**一番のエントリーポイント**だと考えています」

「ゾーン」を使って、トレンド転換、継続、ダマシを判断！

野田

「もうひとつ、トレンドラインのダマシを回避する、かなり有効な方法に〝ゾーン〟があります。**ラインという一本の線ではなく、もっと幅のある領域で見たほうがいいのかも？　と考えて発想したのが〝ゾーン〟**です」

中村

「なんで、ラインではなくて、ゾーンなんですか？」

野田

「ゾーンには、サポートラインやレジスタンスラインを**面でとらえることで、ゾーンがブレイクされトレンド転換が起こるか、それともゾーンが守られトレンド継続か、ブレイクされたように見えてまた戻るか、という判断を高精度で行える利点**があるんです」

中村

「ブレイクされたように見えてまた戻るかって……、ということは、ダマシの回避もできるんですか？」

野田
「正確には、ダマシの回避にも役立つと考えています。ゾーンは、２つのラインで作ります。まずローソク足のヒゲとヒゲを結び、ラインを引きます。次に、そのラインを始点の実体まで平行移動させ、そこにラインを引きます。この２つのラインに挟まれた部分がゾーンです」

中村
「たとえば、買いでエントリーする場合は、何に気をつけて、どう見たらいいんですか？」

野田
「買いでも売りでも、どちらもゾーンでのリターンムーブを狙います」

高値、安値を読み取る力をつけて、ラインを引く技術を磨く

中村
「ＦＸで儲けるにはチャートが読めなきゃ、話にならないっていうことですね」

ゾーンの引き方

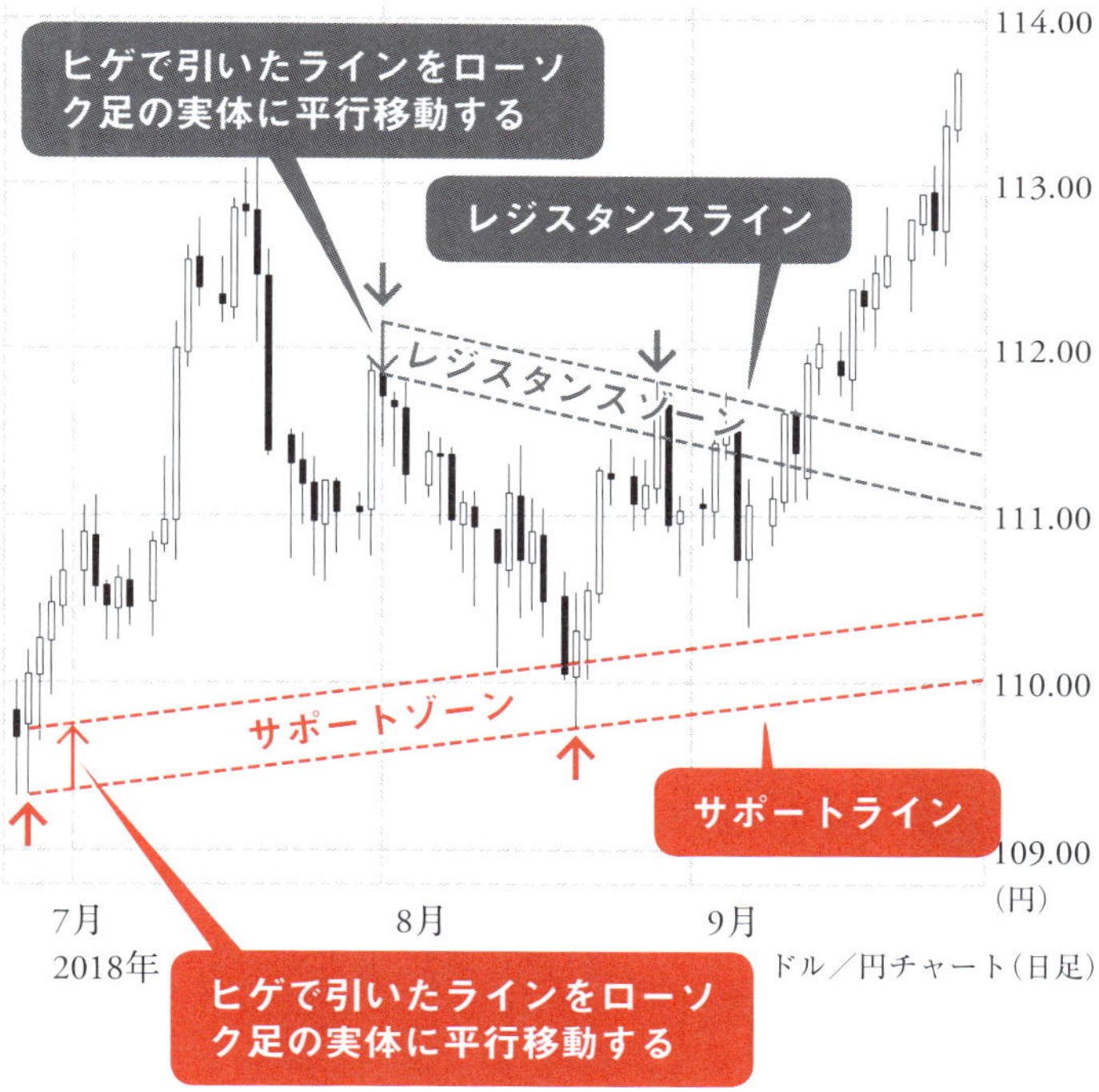

ゾーンは値幅のある抵抗帯、支持帯と考えます。このゾーンが守られるか突き破られるかで、トレンドがまだ継続中なのかそうでないのかを判断していきます

野田

「チャートを見て、高値、安値を読み取る力がないとラインは引けません。
ボクは、カスタマイズしやすくて、ヒゲとヒゲの先端でラインを引きやすい『MetaTrader』というソフトを使ってチャート分析をしています」

中村

「チャート分析をしてラインを引くって簡単じゃないんですか～？」

野田

「高値、安値といっても無数にあります。どこを始点・終点にするかに正解はありません。自分が選んだ始点・終点にラインを引くと上昇トレンドだが、もっと広範囲で見ると下降トレンドのなかの上昇ともとれる局面もあります。
ボクは〝虫の目〟〝鳥の目〟と呼んでいるんですが、狭い範囲を見る虫の目だけでなく、全体を俯瞰《ふかん》する鳥の目も必要です」

中村

「両方の目でチャートを見て、為替レートがどう動くのかをイメージするんですね。そして、ラインの引き方はひとつじゃないっていうことですね。いろんな考え方がある……」

野田

「ですから、最初に話したように柔軟な発想が必要なんです」

中村

「もう一度、ＦＸのノウハウ書を読み込んで勉強します」

野田

「初心者には本を読んでわかったような気になってる人が多いんです。ノウハウ書を読了しましたっていう人に、『じゃあ、その本に書いてあったノウハウを自分の言葉で説明してください』と言うとまったくできない。それでは本は読んだけど、何もわかっていないのと同じです。その本の内容やノウハウを自分の言葉で説明できるようにならなくては理解したとは言えません。実戦ではなんの役にも立たないでしょう」

中村

「うっ……。自分の言葉で説明できないカモ」

野田

「売買をするときも、なぜここで売りなのか、買いなのかをきちんと説明できないとエントリーすべきではないのです。

たとえば、『安値が切り下がり、ここから下降トレンドが始まると予測できるから、自分は売ったんだ』とか説明できることが大事なんです。そして、自分のイメージ通りの値動きをしなかったら、損切りをすることも必要です」

中村

「ノウハウ書を読んで、あとは実戦で鍛えようなんて……考えが甘かったです」

野田

「その考えはレベルが低すぎます。ライオンに殺されて終わりです。

広い視点で、安値から高値、高値から安値までの値動きの推移――つまり「値動きの大枠」をとらえる目を養うこと。まず、**チャートを見る技術**をとことん磨いてください。このチャートを見る技術は、**市場への参加者が多い日本の大型株（東証一部の時価総額上位100位までの銘柄）でも使えます**」

野田しょうご
2004年、塾講師のアルバイトで貯めた資金をもとに株式投資を始め、2010年からFXトレードをスタート。年間400％の運用利益を出す。2015年にはFXコミュニティを設立。現在は証拠金500万円で月収300万～500万円を稼ぎ続けている。手法はチャートのライン分析を重視したテクニカル。著書『まずは副業で月10万！FXチャート最強実戦集』（ぱる出版）

中村くんコメント「ウサギを倒せることを目指して……」

ＦＸは狩りと同じ、いきなりライオンに出くわして殺されることだってあるという話が印象に残っています。自分の考えの甘さを思い知らされ、カルチャーショックでした。

野田さんは、クールな表情で淡々と語ってくれます。ところが、ＦＸど素人のボクに実戦前に心得ておかなくてはいけないマインドとか、学んでおくべき基礎中の基礎とか、そういうレクチャーをしてくれるとき、静かな口調ですが、すごい情熱を感じました。

「ＦＸで稼ぎたければ、安易な気持ちで手を出すな」という思いがひしひしと伝わってきます。

毎日、勉強しなきゃな……と思いました。

野田さんにトレード時間を聞いてみました。

東京市場が開く9時前後、12時前後、ロンドン市場が開く16時前後、ニューヨーク市場が開く22時前後だそうです。

24時間、ずっとモニターに張りついているのではありません。

取引のペースはデイトレではなく、1回エントリーしたら、短くて数日、長くて1～2ヵ月はホールドするスタイルとのこと。これならサラリーマンでも可能です。実戦に入る前、ラインの引き方を徹底的にトレーニングしようと思います。そして、**自分の言葉で売買の根拠や相場がどう動くのか説明できるようになったら、FXの世界に足を踏み入れよう**と思います。

最初、「ウサギを狩れない人間にライオンは倒せない」と言われたとき、一体、何を言っているのかわからなかったけど、今は少し理解できます。

まずは、ウサギが倒せることを目指します！

カメ丸からのアドバイス

実戦に入る前にデモトレードで、最低でも2～3ヵ月はトレーニングしましょう。デモトレードはＦＸ会社が提供しているＦＸトレードが無料で練習できるツールです。実際の取引画面を使用して、１００万～５００万円で売買をシミュレーションするので、どれだけ利益が出て、どれだけ損出が出るのかが体験できます。スマホのアプリにもゲーム感覚で練習できるデモトレードがあります。

まとめ

●ＦＸは月給をもらう世界とはまったく異なる世界だと自覚する
●ＦＸの特徴は、少ない資金で大きな資金を動かせるレバレッジにある
●資金30万円、レバレッジ３～５倍を超えないようにスタートする
●ビギナーは、すべての情報を織り込んでいるチャートだけを見ればいい
●トレンドを読み、優勢なトレンドに乗って売買を行う
●トレンドには上昇、下降、横ばいがある
●チャートにラインを引き、トレンドを予測する
●トレンド転換と見えるダマシに気をつける
●売買の狙い目はリターンムーブ
●ゾーンを使ってトレンドの方向性を高精度で判断する
●売買の根拠が説明できなければ、エントリーしない
●チャートを見る技術は、市場への参加者が多い日本の大型株（東証一部の時価総額上位１００位までの銘柄）でも使える

オマケ情報

MetaTrader
https://www.metatrader5.com/ja
ロイター
http://jp.reuters.com

クチコミ情報

「ＦＸ会社ですが、最近では最小取引単位が 1000 通貨で OK というところが増えてきました。それだと 4000 円から取引可能。慣れるまでは少額で取引できるので初心者には安心かも」▶カモちゃん

「ＦＸではリスク管理が大事。潔く損切りすること。全勝なんてまずありえない。それより、損切りできずにすべてを失うことも。それどころか莫大な借金を背負うこともあるのだ」
▶ゆうやん

STEP 4

300万円を元手に「不動産投資」で資産1億円を目指せ!

The teacher

不動産投資
玉崎孝幸さん

不動産投資

現金で中古の戸建を購入し、融資で一棟マンションの大家に！

気軽さ ★★★★☆（星5点満点）

初期費用 ３００万円（中古戸建を現金買いできる資金）

向いているタイプ 計画を立て、着実にステップアップしていける人

不向き 心配事があると仕事が手につかなくなる、計画性がない

安価な中古物件の購入からスタートする手も

副業が軌道に乗り、中村くんは実家から独立して一人暮らしができる資金が貯まったそうです。そこでワンルームの賃貸マンションを探し始めました。ネットで探すかたわら、不動産屋さんにも足を運んでいるのだとか。

近況報告にやってきたとき、彼はこんなことを言っていました。

「部屋探しってなかなかおもしろいですよ。毎週、いろんな部屋を見てるんです。

できれば駅の近くがいいんですけどね。最寄り駅が同じでも、新築と中古で、家賃が全然違っていたり、敷金や礼金がゼロなんていう物件もあるし、いろいろあるんですね」

そんなふうに、物件探しの話を熱心にしていました。

ふと思いついて、中村くんに「不動産投資に興味はない？」と話を振ると、「家賃収入は魅力だけど資金が相当必要ですよね？　都内だとワンルームでも1000万円以上はしますよね。そんな資金はありません」。

それほど資金をかけず、中古物件を買って投資する方法もあると教えると、「それなら興味がある」と言います。

そこで、不動産投資家の玉崎孝幸《たまざきたかゆき》さんを紹介しました。

玉崎さんはサラリーマンをしながら、32歳で不動産投資をスタート。その後4年間でサラリーマンとしての収入を超えるキャッシュフローを得ることに成功。会社を辞め、現在では一棟マンションや戸建など約70戸の賃貸物件を所有し、年間の家賃収入は2700万円を超えています。

そんな玉崎さんが、不動産投資の初歩を語ってくれました。

安定した収入を得るために、勉強はしっかりと！

中村

「32歳で不動産投資を始めたって、なんかすごいなあって思うんですけど……」

玉崎

「その頃、２０１１年当時、教育サービスの業界にいたので、少子化が進めば勤務していた会社の経営が厳しくなることは目に見えていたし、年収が下がる可能性も高いと思ったんです。それなら、**給与以外に自分で収入を得る道を切り開いておかなくてはいけない。それが、不動産投資を始めたきっかけ**ですね」

中村

「最初から不動産投資ですか？」

玉崎

「株式投資とかＦＸとか少し勉強したんですけど、私には向いていないなと思いました。株式やＦＸは日々、値動きがあるじゃないですか。そういう値動きを大きな流れの一環としてとらえ、楽しめる人は向いていると思います。

でも私は、安定した収入が得られる副業を求めていたんです。ちょうどその頃は、マイホーム購入を検討していた時期でした。書店で不動産関連の本を探していたら、不動産投資の本に出合いました。**賃料収入は、滞納がない限り、毎月、決まった金額が入ってきます**よね。この投資なら向いていると思ったんです」

中村

「不動産投資に向いていない人っているんですか？」

玉崎

「たとえば、家賃の滞納があったらどうしよう、退去されたらどうしよう、修繕費用がかさんだらどうしようとか……そういうことで不安になってしまう人は向いていないと思います。多少の退去なら『なんとかなる』と思える人が向いてますね」

中村

「ボクは不動産について知識ゼロなんですが、どんな知識が必要なんでしょう？」

玉崎

「いろんな不動産関連の本を読むことから始めてください。**購入から売却までを教科書的に書いてある本から始めて10冊は読みましょう。**

私はインターネット上のブログやコラムで情報収集をして、セミナーやスクールにも通いました。すると自分が買える物件はいくらぐらいかわかってきました。

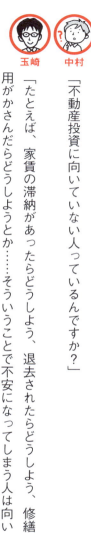

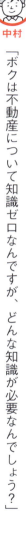

こうして、物件の取得、管理、運営、売却までの知識を身につけてから、物件購入に至ったんです」

中村

「最初は、本で勉強かぁ……」

玉崎

「物件選びから購入、リフォーム、お客さん探し、管理など、不動産投資の全体像がわかると、実際に物件を購入するときに安心できるんです。

そして、情報を集めるだけではなく物件を見にも行きました」

物件を見続けていると、自然と良しあしを判断できるように

中村

「不動産投資をしようって思って、物件探しをしていたんですか？」

玉崎

「そうですね。その頃はサラリーマンだったから、**月曜日から金曜日に物件の資料請求をして、日曜日は朝から現地に出かけて物件を見ていました。**1ヵ月に10件ぐらいは見に行きました。今でも、物件を見るのは続けています。

不動産投資の勉強をしても、現地に行かない人が多いんです。実際に見に行かないとわからないことがいっぱいあるのに……。ですから、**必ず物件を見に行ってください**」

中村

「見に行く物件はネットで探すんですか？」

玉崎

「そうですね。『健美家《けんびや》』、『楽待《らくまち》』という不動産投資の物件情報サイトがあるんです。この2つを見ておけば、おおむね物件の情報や相場に関しては知ることができます。

たとえ買いたいと思う物件がなくても、資料請求をして、現地に見に行く。

私は、自分の家がある私鉄沿線の物件を中心に見に行ってました」

中村

「見るっていうと外観とか立地とか……？」

玉崎

「ほかにも、不動産の場合、現地でわかることはいっぱいありますよ。

駅から徒歩圏内、バス便がある、近くにスーパーがあるといった立地。

物件については、中古物件なら、修理がどの程度必要か？　安く購入できても多額の修繕費用がかかるなら、あまり意味がありません。

たとえば、立地はいいのに空室がかなりある。外観や共用部分が汚い。パッと見た瞬間に住みたくないと思わせる。それなら、外観や共用部分をキレイにすれば入居者がつくかもしれない！」

中村

「へえー、現地では、いろんなチェックポイントがあるんですねえ」

玉崎

「そうなんです。立地もいいし、外観も共用部分もキレイにしている。周辺のマンションには空室がない。では、このマンションだけなぜ空室が多いんだろう？　そう考えると、客付け力（お客さんを見つけてくる不動産屋の営業力）が弱いのだろうか？　それとも家賃だろうか？　それで、管理している不動産会社に電話をして家賃を聞いてみると高すぎる。家賃を下げれば空室は埋まるかもしれない。
　こういうことは現地でしか学べません。疑問点をメモして、ノートに書き留めていってもいいですね。**10件、20件と物件を見ていると良しあしがだんだんわかってくる**んです。この物件はココがいい、これはダメとか。毎週、見ているとカンが働くようになります」

中村
「第一印象が良くなくても、簡単にはあきらめないんですね」

玉崎
「そうです。修繕すればお客さんを呼び込めるかもしれない。むしろ、**見栄えが良くないほうが安く買えるチャンスだな!** なんて思えるようにもなります。ですから、**不動産投資をするなら、数多くの物件を現地に行って実際に見ることから始める**べきです」

中村
「なるほど……。物件を見に行くのっておもしろそうですね!」

玉崎
「おもしろいですよ。数多く見ているといろいろと気づくことが増えてきて、自分でも知識が蓄積しているのを実感できます。ですから、毎週、物件を見に行ってほしいですね」

中村
「月に1度か2度じゃダメですか?」

玉崎

「それではカンが身につかないんです。**毎週必ず行く**――それを続けられる人はおそらく成功します。これぞという物件を見つけたら、自信をもって購入できるようになるからです」

中村

「はあ……インターネットで情報を見ているだけではダメなんですね」

玉崎

「実際に、不動産の売買をしている業者さんを訪ねることも大事です。資料請求を兼ねたり、業者さんが開催しているセミナーに出席したりして、私は20社ぐらい訪問しましたよ。

　何回か不動産会社さんに足を運び、こちらの希望を伝えておく。するとインターネットに情報をアップする前に、教えてもらえることもあるんです」

ビギナーは自己資金で買える物件から始めてみよう！

中村

「最初に購入したのは、ワンルームマンションですか？」

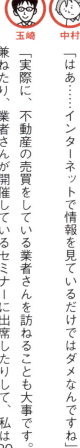

玉崎「いえ、中古の戸建を買いました。千葉県柏市内にある築39年の物件で、３００万円でした」

中村「投資対象として、マンションの一室を購入するってよく聞きますけど」

玉崎「そうですね。区分マンションを投資用物件にすすめる業者もかなりいます。でも、一件目に買う物件なら、私は**戸建の中古物件をオススメ**します」

中村「それはなぜですか？」

玉崎「区分マンションの場合、所有者に管理費や修繕積立金などの固定費がかかります。購入資金を銀行から借り入れていたら、固定費には借り入れの返済金や金利も加わります。すると、毎月の家賃収入から数万円が引かれることになりますよね。

数千万円の区分マンションを買ってしまったら、家賃収入より、固定費のほうが高くて、所有しているだけでマイナスになってしまったっていうケースは、よく聞きます。

でも、戸建なら、土地も自分のものになるし、管理費や修繕積立金のような固定費がありません」

中村

「確かに、最初からマイナスじゃ、心が折れるかも……」

玉崎

「仮に、災害などで塀が倒れたなんていう被害を受けたら、修繕費にかなりの額がかかる可能性はありますが、毎月の固定費はないですから」

中村

「ところで、玉崎さんの戸建の購入資金は融資でまかなったんですか？」

玉崎

「いえ、現金購入です。購入したのは2012年でしたね。できれば借り入れなしでスタートしたくて。初めての投資で借金をするのはコワかったんです。
資金力の少ないビギナーは、まずは自分で貯めたお金で購入できる小さな物件から始めるのをオススメします」

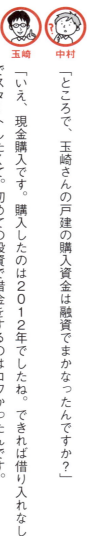

中村

「あのう、銀行に融資してもらって、新築の戸建を買って、高い家賃をとって儲けるのはダメですか？」

玉崎

「それもいいかもしれませんが、かなり安く土地を仕入れるか安く建てないと、手残りが少なくなる可能性が高いです」

中村

「でも、サラリーマンなら、安定収入があるから、銀行だってある程度のまとまった額は融資してくれるんじゃないですか？」

玉崎

「最近は、不動産投資を始めようとしているサラリーマンへの融資が厳しくなっているように感じます。それは不勉強なままに不動産投資を始め、経営努力もしないで失敗する人が少なからずいるからでしょう。銀行としては、そういう例を見ているので厳しくならざるをえない事情があるのだと思います」

中村

「そっかー。最初から、借りたお金で物件を買うのはそう簡単じゃないのか」

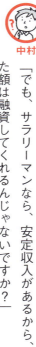

玉崎

「そこで、**自分が貯めた資金で不動産投資をスタートして、収益を出していくことが大事**なんです。すると次の物件購入の際、融資を申し込むときに、実績をアピールできますし、銀行も評価してくれます。

『この人には経営能力がある。少ない資金で収益を上げているのだから、チャンスがあればもっと大きな収益を生むだろう。当然、金利の支払いも滞ることはない』

そんなふうに評価してもらえる可能性がアップするんです」

中村

「よく考えたら、最初に大きな借金を背負っちゃうと、失敗したときにイタいですよね」

玉崎

「それもあります。そしてさっきお話ししたように、大家さんになってみて初めて、自分には向いていないということが、わかることもあるんです。

失敗して退場しないように、**小さく始めて少しずつ大きくしていくのが理想**です」

中村

「最初の物件ですけど、どういう条件で探したんですか？」

玉崎「おおまかな条件は、現金で買えて、5年ぐらいで回収できること、年間表面利回り（物件価格に対する年間家賃収入の割合）20％以上で、すでに入居者がいる物件です。今の入居者をそのままに売買することを〝オーナーチェンジ〟というのですが、〝入居者がいる〟ってけっこう大事な条件なんです。入居者探しに苦労することもありますから。

何より、すぐに家賃が入ってくるのがメンタル的に安心できますよね。ですから、**初心者にはオーナーチェンジ物件はオススメ**です」

中村「それで千葉県の柏市に物件が見つかったんですね」

玉崎「その物件の家賃は5万円でした。すると年間60万円の収入。物件が３００万円なら、修繕費や空室などを考慮しない単純計算で、5年で回収できます」

中村「月額家賃が5万円とすると、年間で60万円の収入ですよね。利回りでいうと、ええっと……」

玉崎

「表面利回りでいうと20％です。この利回りは無視できませんが、初めての物件を探すときには、希望条件を満たさなくても、思い切って決断することも大事だと思いますよ。不動産投資を早く始めるのも大切だからです。

家賃が5万円じゃないと、利回りが20％にならないから、4万円の物件じゃダメだ……ではなくて、いい物件を見つけたら決断してほしいです。だって、**月額家賃が4万円でも5万円でも、それで人生が変わるっていうレベルじゃないでしょ！**」

中村

「確かに！　家賃4万円と5万円で、年間12万円の差……人生が変わるほどの儲けにはなりませんね。目からウロコが落ちました。

あの、初めて家賃が入ったときって、どんな気持ちでした？」

玉崎

「感激です！　最初は物件探しに苦労はしましたが、買ってからは、ほぼ労力ゼロで毎月5万円が入ってくるんです。そんな生活は経験したことがないから、本当に感激します。

みなさんにも、そのことを体験してほしいですね。ですから、**条件が整ったら、**

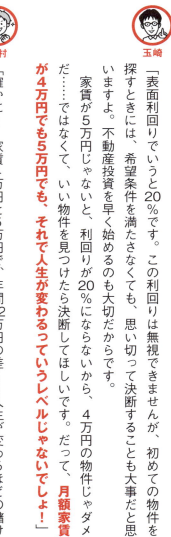

まず一歩を踏み出すことが大事なんです。すると次の二歩目は、もっと踏み出しやすくなりますよ」

空き部屋にモデルルーム風の飾りつけで入居者を呼び込む

中村「玉崎さんの二歩目って、どんな物件だったんですか？」

玉崎「戸建の購入から2ヵ月後、2012年3月に京都市内の6階建てのマンションを購入しました。RC（鉄筋コンクリート）物件で1階がテナント、2階以上はワンルームで合計40部屋ありました。当時で築23年でした」

中村「戸建からいきなりマンション一棟買いですか！　すごいな。いくらですか？」

玉崎「約2億円」

中村「す、すごい！　2億円って、買うのがコワくなかったですか！」

玉崎

「当時の私の年収が８２０万円前後だったので、銀行から20倍ぐらいは融資してもらえると思っていたんです。だから、５０００万円から1億円の物件を購入しようと考えていました」

中村

「1億円でも勇気がいりますよ」

玉崎

「戸建の投資で、これならやれるなって、前向きな気持ちになれたことが大きかったです。それで物件を探したんですが、なかなか納得のいくものが見つからなかった。そうしたら不動産会社さんから『京都にいい物件があります』と連絡があって、それがこの物件だったんです」

中村

「現地まで見に行ったんですよね」

玉崎

「もちろん！　すぐに見に行きました。この物件はオーナーチェンジだったのですが、空室が11室、40室中３割ほどが空いていたんです」

中村

玉崎

「空室があったら不安ですよね」

「ところが、立地はとてもいいんです。駅から徒歩4分、近くにスーパーやショッピングモールがあって買い物にも便利です。周辺のマンションも空室は少ない。それなのになぜか空室のまま……」

中村

玉崎

「いわくつきの物件じゃないですよね？　事故物件とか心霊スポットとか……」

「ハハハ。違いますよ。単に、オーナーが経営に熱心じゃなかったんです。
空室を修繕していないし、周辺の不動産屋さんにお客さんを案内してくれるよう働きかけもしていない。**立地や周辺環境はいいんですから、キレイにしてお客さんを呼び込めば、満室にできるはず**だと思ったんです。
それまで、月10件くらいの物件を見続けてきましたから、これなら大丈夫！っていう確信が持てたんですね。実際に、**購入をしてから1年半かけて満室に**しましたよ」

中村

「すごい。どうやって満室にしたんですか？」

玉崎

「業者さんにお願いしてリフォームをしましたし、**簡単な飾りつけは自分でやりました。**近くの家具屋さんや１００円ショップでカーテンやテーブル、小物を買って、モデルルーム風に飾りつけをしたんです。ちょっとした工夫で見栄えが大きく変わるんですよ」

中村

「業者さん任せにはしないで、大家さん自身も動くんですね」

玉崎

「はい。それでリフォームが終了して、周辺の不動産屋さんに挨拶に行きました。

すると、『部屋が汚いから、お客さんを案内してもムダ』って思われていたことがわかりました。そこでオーナーがチェンジしましたと挨拶して、部屋もキレイにしました、と写真を見せて、お客さんの案内を頼んだんです。

その頃は大阪出張が多かったので、仕事のある前日に京都に入り、何回も不動産屋さんに足を運びました。すると不動産屋さんも改めて立地の良さに気づいてくれて、お客さんを案内してくれるようになり、徐々に入居者が決まっていったんです」

中村

「空室があったら、そうやって自分から仕掛けることも必要なんですね。でも、不安になりませんでしたか？」

玉崎

「7割の部屋は入居者で埋まっていて、その家賃で返済もできていたし、部屋の内見が増えるなど手ごたえも感じていたので、いずれは満室になるという自信がありました。ですから、不安はありませんでした。これが返済や経費のほうが収入より多くて給料から補填しなきゃいけなかったら、不安になっていたかもしれません」

中村

「向いていない人って、そういうとき不安で仕方なくて、日常生活にまで影響を及ぼしちゃう人なんですね」

玉崎

「そうです。もっと退去者が増えたらどうしようとか、後ろ向きの考えになっちゃう人は向いていません。

この空室をどうやって埋めようか、どんな工夫をしようか、前向きに楽しめる人、楽しむまでいかなくても、淡々と処理できる人が向いてるんです」

大規模修繕が必要になる前に売却、次の購入の資金にあてる

中村
「でも2億円を銀行はよく融資してくれましたね」

玉崎
「ちょうど3月の決算期で高額の融資を受けやすい時期でもあったんです。
２０１４年には神奈川県横須賀市にテラスハウスを買い、不動産の収入が増えていきました。
その後、借りていた地方銀行から金利の低い都市銀行に借り換えをしたこともあり、２０１６年には**家賃収入から支出を引いたキャッシュフローが年間１０００万円**になりました」

中村
「今でも京都のマンションは所有してるんですか？」

玉崎
「２０１８年１月に売却しました」

中村

「せっかく満室になっているのになんで売却を？」

玉崎

「築30年になると配管や外壁、エレベーター、貯水槽などの大型設備の修繕が必要になってきます。多額の修繕費がかかる前に、それも満室のうちに手放したほうが、買い手がつきやすいし、リスクが少ないと思ったんです。それに銀行の融資も厳しくなっていると感じていたので、売却できるうちに売っておいたほうがいいと思いました。

　また、マンションの保有期間中に1月1日を6回過ぎると売却益にかかる税金も軽減されるんです。それを計算して売却しました」

中村

「いくらで売れたんですか？」

玉崎

「2億円ほどで購入した物件が、2億5500万円ほどで売れました。**5年9ヵ月分の家賃が取れ、かつ、売却益も出せました。**

　売却すると借入金はゼロになりますが、収益もなくなる。ですから、売却益を出して、次の物件の頭金にする必要があります。さらに次の物件は築年数の浅い物件にする。そうすれば修繕リスクが減ります。ある程度まとまった額の頭金を準備できれば、よりキャッシュフローを増やすことができます。

このようなことを考えて売却価格を決め、**所有物件の若返り**を図っていきます」

リスクと目標を考えて、無理のない範囲で達成していこう

中村

「自分で考えて、いろいろと仕掛けていくんですね」

玉崎

「そうです。今、所有しているのは地方都市の一棟マンションで、ワンルームが48室あり、そのうち8室が空室なんです。空室を埋めるために期間限定ですが、〝敷金・礼金ゼロ、仲介手数料ゼロ、1ヵ月目の家賃ゼロ、引っ越し代負担〟にしたりしています」

中村

「入居者の引っ越し代まで負担しちゃうなんて……そんな大盤振る舞いをして大丈夫なんですか⁉」

玉崎

「地方都市って人口が少ないので、そのエリアでワンルームを探してる人は全部、うちの物件に入居してもらおうと考えたんです。それに、この物件はRC物件なので、木造アパートに住んでいる人で、転居を考えている人も取り込めればいいと考えました。転居したいけど、引っ越し費用が気になってできないという人にとっては、初期費用がかからないのは魅力でしょ。

物件の立地や周辺環境によっては、斬新な仕掛けを考えることも大切です」

中村

「現金で買える物件を振り出しに、ステップアップして安定した家賃収入を得られれば理想ですね。もう給与が増えないとか、会社の将来が不安とか、そういったお金の心配がなくなりますね」

玉崎

「そうですね。最初はサラリーにプラスして5万円、次に10万円、その次は20万円……それが達成できたら50万円などの目標を持って投資することをオススメします。

そして**『5年後に50万円を目指そう！』**などの期限も設けたほうがいいですね。

いつまでに、どのような生活をしたいか、そのためにはいくらの収入が必要か、そ

して今、何をすべきかを常に考えて投資しましょう」

中村

「１年以内に月１００万円の収入……なんて高すぎる目標を設定しても無理ですし」

玉崎

「そうなると、急いで大きな物件を購入しなければならなくなり、無理な借り入れにつながります。それは避けてほしいです。**目標と期限を適切に設定して無理のない投資をしていけば、必ず成功する**と自信を持ってください！」

玉崎孝幸プロフィール

１９７９年生まれ、埼玉県出身。不動産投資家、キャリアコンサルタント。全国紙新聞社、大手教育サービス会社を経て、２０１６年独立。将来に不安を持っている20～40代のサラリーマンを中心に３００人以上の相談に乗ってきた。育児にも力を入れるイクメン。

中村くんコメント「追い風のスタートを切るために！」

マンションのオーナー、いわゆる大家さんってちょっと小太りなおじさんをイメージしていましたが、玉崎さんはすごくスマートで話し方もフレンドリー。いろんな相談をきちんと聞いて、適切なアドバイスをしてくれそうです。それに元新聞記者さんだけに話にムダがありません。

でも、３００万円の次が2億円のマンションなんて度胸あるなあ……。とはいえ、玉崎さんの不動産投資は行き当たりばったりじゃなくて、金利や利回りを細かく計算するなど、とても慎重です。慎重だけど、ときには勇気ある決断も必要なんだと感じました。

印象に残ったのは、**空室を埋める努力**です。不動産屋さんに任せておけばいいと思っていたら、そんなに甘くなかった。自分から仕掛けていく必要があるんですね。

玉崎さんからボクへのアドバイスは**「まず物販などの副業で資金を増やすこと」**です。物販で１０００万円ぐらい増やして、それから参入するとリスクが少ないそうです。

手元資金が多いというのは、たとえていうと、**「追い風を受けて楽々と歩いてい**

けるのと同じ」なんだとか。そして、物販でまとまった手元資金を稼いだ経験は不動産投資にも生かせるし、その努力は報われるとのこと。

まずは**物販でビジネス感覚を磨き、資金を貯めて不動産投資**も目指していこうと思います。

カメ丸からのアドバイス

物件を購入する際には「買付証明書」という申込書を提出します。複数の申し込みがあれば、売主がそのなかから一人を選んで売却します。申込書には希望購入金額を記載しますが、販売価格より高い金額にしたり、反対に安い金額を記入したりすることもできます。

まとめ

- **本を読み、不動産関連のサイトを見て、さらにセミナーやスクールへ行くなど勉強する**
- **物件を実際に見に行き、立地や周辺環境を実地で知ることが大事。数多くの**

物件を見ていくと投資に値する物件か、良しあしがわかるようになる。購入するのはそれから
●最初の物件は戸建（中古）を、できれば現金で購入するのがオススメ
●オーナーチェンジ物件を狙い、入居者がいる中古物件からスタートする
●中古物件を購入したら、大型設備の修繕前に売却し、次の物件に買い替えることも考える
●マンションを購入したら、空室を埋めることを最優先にする
●空室を埋めるために、業者によるリフォーム以外にも、部屋の飾りつけなど自分でできることを考え、工夫する。ときには斬新なアイデアも必要
●短期間に月１００万円の収入など、高すぎる目標を掲げるのではなく、最初は、プラス月５万円、月10万円など達成できそうな目標を立て、少しずつクリアしていく

オマケ情報

好きなことだけして生きる技術（玉崎孝幸ブログ）
http://tamazaki.net/
楽待
https://www.rakumachi.jp/
健美家
https://www.kenbiya.com/
大家さん学びの会
https://ooya-manabi.com/

クチコミ情報

「中古のＲＣ物件の購入は慎重に。安いからと購入したら、修繕が大変で、配管の詰まり、金属部分のサビ、エレベーターの故障など、次から次に修繕が必要になって出費がかさみ、泣いてる知人がいます」
▶やまね

「大家さんを目指す人でも入会でき、現役大家さんと交流できる〝大家さん学びの会〟があります。会では不動産投資の勉強会も行っています。全国規模で会員数は約400人。入会金、月会費が必要です」
▶まなぶ

おわりに

最近は、好景気が続いているそうです。先頃、内閣府は、2012年12月から始まった景気回復が、かつての高度経済成長時代の「いざなぎ景気」を超え、戦後2番目の長さになったと発表しました。

でも、そう言われても、実感できないという人がほとんどではないでしょうか。

だって、**好景気でも賃金は上がっていない**ですよね？

事実、厚生労働省の「賃金の推移」を見ると、1998年から2018年まで、対前年比の給与の増減率はほぼ横ばいなのです。

加えて、電機・ハイテク業界、金融業界の業績不振、大手企業のリストラなど、好景気とは思えないニュースが数多く報じられています。

好景気を実感できない状況がサラリーマンを取り囲んでいるのです。

ボクは、20代に会社の給与だけに依存する生活に危機感を覚えていました。

そして、その危機感を払拭するために、副業を始めました。

給与以外の収入は、リストラ、倒産といった最悪の事態に直面しても、当面の生活は維持できること、家族を養えることを保証してくれます。

実際に、ボクは副業の収入で、将来に対する不安を減らすことができました。

だからこそ、みなさんにも副業をオススメしたいと考えています。


しかし、オススメしたい理由は、将来に対する不安だけではありません。

副業には、収入面以上に素晴らしい魅力があるのです。

むしろ、ボクが副業をオススメする理由は、こちらの魅力のほうかもしれません。

副業は夢を叶え、あなたに最高の人生をもたらす！

ボクが考える、副業最大の魅力です。


「はじめに」でも触れましたが、ボクの副業は26歳のときに、ワンルームマンションを購入し、家賃収入を得たことから始まりました。その後、さまざまな副業にチャレンジし、5年後には副業が本業の収入の10倍になりました。そして、勤務していた会社を辞職したのです。

副業を始めたときはサラリーマンを卒業するなど、夢にも思っていませんでした。

それが現在は、副業をレクチャーするアカデミーを運営し、自身の本を執筆・出版するばかりか、講師陣の本までプロデュースするようになりました。学校運営、出版と想定外の展開です。

副業を始め、経済的な危機感を払拭したばかりか、**会社に縛られない自由**を手に入れました。さらには、**毎日ワクワクできて、自由で充実した生き方**の実現へとつながっていったのです。

10年前、勇気ある決断をした自分を「よくやった！」と称賛したいぐらいです。

ここで、知人の話をしましょう。

サラリーマンの彼が、最初に選んだ副業は、一棟マンションのオーナーでした。始めるまではかなり迷ったそうですが、いざオーナーになってみると毎月、安定した家賃収入が得られ、経済的な不安がなくなりました。

さらには、株式投資もうまくいき、自分の努力によって稼げているという自信から、本業の仕事にも前向きになることができたそうです。

すると、本業の仕事も積極的にこなせるようになり、周囲の見る目も変わり、大きな案件を任されては、次々に成果を上げていきました。

その結果、給与収入は2年連続で100万円アップしたそうです。

「副業を始めて、本当によかった！」と彼は話してくれました。

副業をすると本業がおろそかになると心配する人もいますが、それどころか副業の成功が〝やる気〟に火をつけ、キャリアアップを加速させたのです。

本業と副業はともにプラスを生じる、Win‐Winの関係といえるのではないでしょうか？

さて、本書に登場した中村くんは、ライトな副業をスタートさせました。

まずは副業を体験して、本業以外に収入を得るのが、どのような感覚なのか実感してみたかったというのです。

リスクの少ないライトな副業からスタートするのは、賢明な選択だと思います。

初めて本業以外で収入を手にしたときには、それがたとえ数万円でも——

「会社に依存しないで自分自身の力で生きていける！」

そんな自信が芽生え、その自信は、彼に夢を抱かせる原動力にもなりました。

「小林さん。ボク、資産1億円を目指そうと思うんです！」

そんな決意表明を、彼はしてくれました。

彼の夢は、実現不可能な絵空事ではないと思います。

読者のみなさん、ちょっとイメージしてみてください。

ライトな副業で稼いだ資金とノウハウをベースに、中国輸入やせどりといった本格的な「物販」へステップアップして、資金を増やす。

増えた資金をＦＸや株式投資の「トレード」に投入する。リスク管理さえしっかりすればトレードは決してコワい世界ではありません。「物販」と並行して売買ができ、効率的に資金を稼げます。

ついに、手元資金を３００万円まで増やすことができました。

さあ、「不動産投資」にトライしましょう。家賃収入に加えて、物販やＦＸで得た収入もあります。それを元手に、さらに賃貸物件が増やせます。こうして不動産投資の実績を重ねれば、金融機関の信頼が得られます。

さあ、大きく飛躍する準備が整いました。

融資を受け、一棟マンションのオーナーに飛躍するのです。

物販、トレード、家賃収入……ほら、資産1億円は決して夢ではないでしょ！

本書は、副業のノウハウをレクチャーするだけの単なる実用書ではありません。

本書に書かれている内容は、**ノウハウと同時に資産1億円を実現する「設計図」**と思ってください。設計図に従って、土台から着実に、副業を積み上げていけば〝夢〟という名の「家」が建つのです。

その家は、あなたとあなたの家族を嵐から守り、自由に過ごせる居心地のよい空間を提供してくれます。

目の前に、本書という夢を叶える「設計図」があるのです。迷っている時間もためらっている時間も、もったいないと思いませんか？

今、一歩を踏み出せば、最高の人生が手に入るのですよ！

あとはあなたの決断次第です。

夢を叶えましょう！

副業アカデミー代表　小林昌裕

『読者限定のプレミアム特典』

本書を購読された読者に限定して、
ドドンと!　5つの特典を用意しました。

▼ こちらよりダウンロード方法をご案内 ▼
http://landing.fukugyou-academy.com/konomama/

特典内容

特典1　死ぬまで食いっぱぐれない「13個の副業」解説動画

▶本書で紹介した副業エトセトラに加えて、大ボリュームの解説動画を用意いたしました。書籍を読んだあとのおさらいにもピッタリ!

特典2　最新! 人気副業ランキング

▶人気の副業の最新動向がわかる!　副業選びに迷ったらぜひご覧ください。

特典3　副業で成功するための5箇条

▶副業で成功するための鉄則を、動画でお教えします。

特典4　成功するための「目標設定&スケジュール管理術」解説動画

▶月にどれぐらいの副収入があればいいの?　目標設定とそれを達成するためのスケジュール管理を具体的にレクチャー!

特典5　副業セミナーへ無料でご招待

▶書籍では紹介しきれなかった㊙テクニックをお届けします!

※本特典の提供は、株式会社レベクリが実施します。販売書店、取扱い図書館などは関係ございません。
※お問い合わせは info@fukugyou-academy.com までお願いいたします。

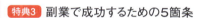

【著者略歴】

副業アカデミー（ふくぎょうあかでみー）

◎サラリーマンが本業と両立しながら、株式投資、不動産投資、FX、物販、Uber Eats、フォトグラファー、ライティング（執筆）などで収入を増やすためのサポートを行う。「収入の柱を増やし、人生を選べるようになっていく」ことを理念に活動する。

【監修者略歴】

小林昌裕（こばやしまさひろ）

◎1982年東京都板橋区生まれ。副業アカデミーの代表。 明治大学リバティアカデミー講師。

◎2009年にサラリーマンをしながら、不動産投資を始める。2014年に退職し、現在は、20余りのキャッシュポイント（物品販売や太陽光発電、大学講師、コンサルティングなど）を持ち、クライアントの収入の柱を増やす活動に尽力している。年収は1億5000万円ほど。著書に『年収350万円のサラリーマンから年収1億円になった小林さんのお金の増やし方』（小社刊）、『ふがいない僕が年下の億万長者から教わった「勇気」と「お金」の法則』（朝日新聞出版）がある。

このまま会社《かいしゃ》にいるしかないの？と思《おも》っている人《ひと》に
死《し》ぬまで食《く》いっぱぐれない方法《ほうほう》をシェアしちゃうよ。

2019年1月29日　初版第1刷発行

著　者　　副業アカデミー
監修者　　小林昌裕
発行者　　小川 淳
発行所　　SBクリエイティブ株式会社
〒106-0032　東京都港区六本木2-4-5
電話　03-5549-1201（営業部）

装　幀　　井上新八
本文デザイン　　荒井雅美（トモエキコウ）
イラスト　　村山宇希
執筆協力　　小川美千子
組　版　　アーティザンカンパニー株式会社
印刷・製本　　中央精版印刷株式会社

ISBN 978-4-7973-9673-7